O NOVO RADAR DOS NEGÓCIOS

CARO(A) LEITOR(A),
Queremos saber sua opinião
sobre nossos livros.
Após a leitura, siga-nos no
linkedin.com/company/editora-gente,
no TikTok **@editoragente**
e no Instagram **@editoragente**,
e visite-nos no site
www.editoragente.com.br.
Cadastre-se e contribua com
sugestões, críticas ou elogios.

OS NEGÓCIOS ESTÃO
SOB NOVA DIREÇÃO

FABIO NETO

O NOVO RADAR DOS NEGÓCIOS

APRENDA A LUCRAR COM AS ESTRATÉGIAS CHINESAS QUE ESTÃO DOMINANDO O MERCADO BRASILEIRO

Gente
editora

Diretora
Rosely Boschini
Diretora Editorial
Joyce Moysés
Editora
Rafaella Carrilho
Assistente Editorial
Mariá Moritz Tomazoni
Produção Gráfica
Leandro Kulaif
Preparação
Debora Capella
Capa
Rafael Brum
Projeto Gráfico
Márcia Matos
Gisele Baptista de Oliveira
Diagramação
Gisele Baptista de Oliveira
Revisão
Amanda Oliveira
Impressão
Edições Loyola

Rua Dep. Lacerda Franco, 300 – Pinheiros
São Paulo, SP – CEP 05418-000
Telefone: (11) 3670-2500
Site: www.editoragente.com.br
E-mail: gente@editoragente.com.br

Dados Internacionais de Catalogação na Publicação (CIP)
Angélica Ilacqua CRB-8/7057

Fabio Neto
O novo radar dos negócios : aprenda a lucrar com as estratégias chinesas que estão dominando o mercado brasileiro / Fabio Neto. – São Paulo : Editora Gente, 2025.
144 p.

ISBN 978-65-5544-650-0

1. Desenvolvimento profissional 2. Negócios 3. Liderança 4. China – Negócios I. Título

25-3768 CDD 658.1

Índice para catálogo sistemático:
1. Desenvolvimento profissional

NOTA DA PUBLISHER

Vivemos uma era em que o jogo dos negócios mudou radicalmente – e, pior, sem que muitos percebessem. Enquanto gestores, executivos e empreendedores ainda analisam os cenários de hoje com lentes do passado, as regras já foram reescritas por forças que vêm do outro lado do mundo. A China não apenas chegou ao Brasil, ela está moldando o comportamento do consumidor, a velocidade das inovações e a lógica de competição em todos os setores. O grande risco agora não é perder participação de mercado, mas perder relevância – e este livro vem para ensinar a você as melhores estratégias para evitar que isso aconteça com o seu negócio.

Quando conheci o projeto do Fabio Neto, percebi de imediato que estávamos diante de uma voz essencial para este momento. Fabio não fala de teoria ou de conceitos distantes; ele fala do que viu, viveu e testou ao lado das maiores empresas do país. Como sócio da StartSe e especialista em negócios internacionais, ele construiu uma visão prática, afiada e atual sobre a transformação que o Brasil está vivendo. Sua experiência em *hubs* no Vale do Silício, em Nova York e, especialmente, na China, somada às mais de 250 visitas a ecossistemas de inovação, torna sua leitura de mundo única. E agora ele vai compartilhá-la com você.

Este livro chega para provocar, inspirar e apontar caminhos para líderes que não querem apenas sobreviver ao cenário atual, mas, sim, comandar o próximo movimento. Fabio entrega uma nova forma de enxergar negócios e mostra que, diante de um cenário em constante mudança, o que vale não é olhar para o retrovisor, mas ter a coragem de construir novas rotas.

O novo radar dos negócios é uma ferramenta de virada – um alerta e, ao mesmo tempo, um guia prático para quem entende que o futuro já chegou e não aceita ficar para trás. Convido você a abri-lo com a mente inquieta, disposto a enxergar o mercado sob novas lentes. Tenho certeza de que, ao final da leitura, você não verá mais os seus desafios do mesmo jeito.

ROSELY BOSCHINI
CEO e Publisher da Editora Gente

Dedico este livro a você, que sente que algo mudou, mas ainda não sabe exatamente o quê; a você, que já conquistou muito, mas sente que está cada vez mais difícil manter o ritmo; que tem coragem de fazer diferente, mesmo que ninguém à sua volta entenda.

Dedico este livro àqueles que já estão cansados de discursos bonitos e soluções genéricas.

E, por fim, dedico a todos os que acreditam que o Brasil não precisa apenas reagir ao futuro – também pode liderá-lo.

AGRADECIMENTOS

Agradeço a Deus por permitir que todos os dias eu tenha o privilégio de me dedicar ao propósito que Ele me ordenou.

Agradeço imensamente à minha esposa, Paula, que ao meu lado me faz melhor todos os dias e viabiliza, de modo incrível, os nossos sonhos.

Agradeço às minhas filhas, Luisa e Julia, que são inspiração para tudo que faço e para quem quero deixar um legado.

Agradeço aos meus pais, que até hoje se preocupam conosco e se esforçam pelo nosso melhor.

Também sou muito grato a todos que me ajudaram a chegar aqui como pessoa e como profissional: amigos de jornada, companheiros de trabalho, sócios que me esticam todos os dias, e todos os alunos e clientes que têm confiado na mensagem que me empenho tanto para espalhar.

SUMÁRIO

INTRODUÇÃO

Você ainda acredita que manda no seu negócio. Mas quem decide boa parte das coisas hoje é o algoritmo. E ele nasceu em Pequim. Quer você perceba ou não, a China já chegou ao seu negócio. Pode parecer exagerado ou distante da sua realidade, mas é um fato inescapável: você já compete ou convive com marcas, plataformas e modelos chineses. Talvez você não tenha comprado ainda na Shein ou na Shopee, mas certamente conhece alguém que o fez.

A cada deslize de tela no TikTok, um desejo é plantado. A cada oferta da Temu, um modelo de negócio é reconfigurado. E a cada clique, uma empresa brasileira perde espaço no monopólio da atenção – muitas vezes sem perceber.

Talvez você ainda não utilize diariamente tudo isso, mas sua equipe, seus filhos ou clientes provavelmente já estão ali, navegando entre vídeos curtos e compras impulsivas. O seu concorrente está atento a isso, assim como você precisa estar.

Você acordou em um país sob nova direção. A sua empresa, também.

Sou Fabio Neto, sócio da StartSe, a escola internacional de negócios com base em São Paulo, China e Estados Unidos que prepara líderes e empresas para atuarem em um mundo de constantes transformações. Na jornada dos últimos anos, vivi de perto os grandes epicentros de transformação global: Nova York, Vale do Silício e Singapura, além da China, com destaque para cidades como Pequim, Xangai, Hangzhou e Shenzhen. Só nos últimos dois anos, estive mais de quinze vezes nesses locais para ver, viver e capturar toda a transformação em curso. E não apenas pelas minhas lentes, mas sobretudo pelas lentes dos nossos clientes, líderes das principais companhias do Brasil. Ou seja, o que você encontrará aqui é “fresco”, atual, inegável: imersões focadas em varejo com grandes indústrias, distribuidores e varejistas; outras focadas em tecnologia e mercado financeiro; e outras até pensando em grandes clientes do agronegócio. Acredito que percepção é um processo construído de maneira intencional, a partir do olhar coletivo e diverso.

Foram mais de 250 visitas e reuniões nas principais empresas e ecossistemas que têm reconfigurado o mundo. E pode ter certeza: eu vi o futuro. Afinal, a lógica de passado, presente e futuro não é mais uma lógica de tempo, e sim de espaço. Estar nesses lugares é viver o futuro antecipadamente.

Porém, antes da StartSe, uma grande jornada de empreendedorismo e varejo já estava na minha bagagem: desde a adolescência na rede de lojas dos meus avós até o auge da minha carreira executiva como diretor nacional da maior empresa de shopping centers da América Latina. Nesse contexto, conheci a realidade brutal de um Brasil continental. Convivi com mais de 12 mil lojistas de segmentos como cinema, gastronomia, moda, perfumaria, eletrônicos, livrarias, lazer, serviços, entre tantos outros. Eu me mudei onze vezes e conheço a realidade profunda de todas as regiões do Brasil, cada qual com suas particularidades.

Apesar de sermos um país de proporções imensas, cada vez mais somos impactados de maneira conjunta pelos mesmos sinais de transformação. Antes, algo que acontecia na capital de São Paulo poderia demorar anos para chegar no interior ou na região Norte, mas não é mais assim. Os impactos agora são simultâneos. Recentemente, estive visitando um grande cliente da nossa consultoria, que é varejista em Manaus, e fiquei extremamente impressionado com o avanço e a maturidade tecnológica que eles têm em mãos. Muito à frente de grandes marcas nacionais com base no Sudeste.

Portanto, quando olho para o cenário brasileiro, fica claro que ele não é mais o mesmo e não voltará a ser. Fomos transformados silenciosamente nos últimos anos. E isso não ocorreu por acaso. A velocidade com que marcas chinesas dominam mercados globais e locais é assombrosa. É como se, da noite para o dia, as regras do jogo tivessem mudado. O consumidor, antes fiel à sua marca favorita, hoje prefere novidade, preço baixo, entrega rápida e experiências envolventes, sobretudo vindas das telas dos smartphones.

Mas, olha só: este não é um livro sobre a China. É um livro sobre o Brasil em que você vive hoje, um país silenciosamente transformado por decisões tomadas do outro lado do mundo, na cidade de Shenzhen, nos escritórios de Pequim ou nos laboratórios digitais de Xangai. Entender isso não é uma opção; é uma urgência estratégica.

A China não apenas reinventou os negócios: ela redefiniu o que é possível em todos eles. O modelo chinês é rápido, agressivo e eficaz. São ecossistemas completos, que unem comércio, finanças, entretenimento, comunicação e consumo em um único ambiente digital.

Este livro propõe um desafio: deixar de olhar apenas para o Ocidente e começar a entender profundamente o que acontece na Ásia. Não se trata de copiar a China, mas de aprender com uma mentalidade que está moldando rapidamente as regras do jogo global. A ascensão da China não é um fenômeno isolado ou passageiro; é uma mudança estrutural no mundo dos negócios que você tem que acompanhar.

POR QUE O BRASIL VIROU UM LABORATÓRIO GLOBAL?

O Brasil não é só mais um mercado para as empresas chinesas – é um laboratório global. E, para confirmar isso, basta olhar para a enorme quantidade de gigantes digitais chinesas competindo simultaneamente em nosso território. O que explica essa preferência estratégica pelo Brasil? Nossa combinação única de população altamente digitalizada, abertura cultural e desafios estruturais econômicos criou o cenário ideal para testes em larga escala. Os resultados de experimentos aqui feitos influenciam decisões globais das plataformas chinesas.

Ou seja, o Brasil é hoje o termômetro perfeito para o que funciona (ou não) fora da Ásia.

Essa dinâmica cria uma situação inédita e urgente: empresas brasileiras agora não competem apenas entre si. Elas enfrentam competidores com recursos financeiros quase infinitos, tecnologia de ponta e um modelo mental totalmente diferente do Ocidente. O resultado dessa competição já é sentido em preços, estratégias, formatos de venda e comportamento do consumidor.

Se você quiser prosperar nos próximos anos, precisa entender profundamente esse laboratório chamado Brasil e o que ele revela sobre o futuro dos negócios.

Este livro não é para quem deseja apenas acompanhar passivamente os acontecimentos. É para líderes e empreendedores que precisam agir agora, de modo ágil e inteligente. Não se trata somente de competir com marcas chinesas, mas sim de se beneficiar dessa nova realidade.

Aqui você encontrará uma linguagem simples, objetiva, prática e provocativa, pois este é um guia para entender como proceder rapidamente nesse novo cenário. Afinal, o sucesso nos negócios de hoje não está na quantidade de informações que você absorve, mas na velocidade e na eficácia com que aplica novos aprendizados.

É por isso que você precisa de um novo radar.

Não um radar literal, mas um modelo mental de orientação estratégica, capaz de detectar sinais fracos, antecipar movimentos de mercado, capturar oportunidades e reagir com agilidade. Um radar que aponte caminhos antes que a concorrência reaja, porque o maior risco agora é continuar guiando sua empresa com base no retrovisor.

Foi por isso que criei o **R.A.D.A.R.**, um *framework* direto, aplicável e inteligente para reposicionar empresas e líderes diante desse novo jogo, o qual se baseia em **R**itmo, **A**trito zero, **D**ados, **A**tenção e **R**elevância contínua. R.A.D.A.R. não é apenas um acrônimo criativo: é uma lente estratégica. É uma ferramenta de navegação. É uma nova forma de pensar e decidir em um mercado onde os sinais mudam rápido, e quem não os detecta a tempo colide.

Criei o R.A.D.A.R. como resposta a um vazio real: o excesso de diagnóstico e a escassez de direção. Todos falam do problema, mas poucos apontam caminhos. Esse método não é consultoria nem linguagem acadêmica. É campo de batalha. Ele foi testado com executivos de grandes organizações, discutido com empresas em que sou conselheiro e que se relacionam diariamente com o mercado chinês; foi validado com líderes de pequenas redes e refinado nas conversas com quem vive a dor das dificuldades do comércio no dia a dia.

Este é um convite à ação. Não se trata de teoria, mas do mercado que você já enfrenta todos os dias. Portanto, agora é com você. Você pode ignorar essa transformação, mas o custo será alto. Você pode resistir a esse novo mindset, mas ficará para trás rapidamente. Ou você pode abraçar essa oportunidade única de aprender, se adaptar e até prosperar com a chegada da China ao seu negócio.

Estamos “sob nova direção”. Uma direção que veio para ficar.

O meu objetivo é claro e direto: que este seja o seu livro de cabeceira. Quero dar a você as ferramentas necessárias para liderar esta nova era, não apenas sobreviver a ela.

O futuro já chegou ao seu negócio. E agora, a decisão é sua: será você quem vai comandar o próximo movimento ou vai deixar que outros definam o seu destino?

1

O NOVO AGENTE SILENCIOSO

Você talvez ainda não tenha percebido, mas sua empresa já está sendo impactada por uma nova lógica de competição que não veio da loja da esquina nem da multinacional tradicional: veio de fora, de muito longe. Mais especificamente, do outro lado do mundo. A China atravessou oceanos, não apenas com produtos, mas com uma mentalidade de negócio que vem transformando o modo como brasileiros compram, vendem, se relacionam com marcas e tomam decisões de consumo.

Executivos, empresários e comerciantes brasileiros estão perdendo participação de mercado porque ainda operam sob uma lógica ultrapassada e lenta. Continuam presos a uma mentalidade ocidental em que planejamento vem antes de experimentação; hierarquia antes de agilidade; e tradição antes de adaptação. Enquanto isso, marcas e plataformas chinesas operam com outra cadência: são rápidas, pragmáticas, centradas em dados e moldadas pela realidade do agora.

E essa mudança não é teórica. Está acontecendo neste momento, em bairros populares e nos grandes centros, nas telas dos celulares e nos galpões logísticos. O crescimento acelerado de *players* como Shein, Shopee, TikTok Shop e AliExpress evidencia a nova dinâmica. Essas empresas estão redefinindo o que o consumidor brasileiro espera de uma experiência de compra. Não se trata apenas de preço baixo: trata-se de praticidade, entretenimento, personalização e velocidade. E tudo isso com poucos cliques, sem sair de casa.

Além disso, o consumidor não é mais o mesmo. Ele foi reeducado por essas novas plataformas. Aprendeu que pode pagar menos, esperar menos tempo pela entrega, ser surpreendido com cupons, jogos e vantagens exclusivas, bem como comprar enquanto assiste a um vídeo ou conversa com amigos. Essa mudança de comportamento é profunda. Empresas que ainda operam como se o cliente fosse o mesmo de três anos atrás estão sendo superadas.

VIVEMOS A ERA DA INFIDELIDADE

Nunca se falou tanto sobre fidelização. Plataformas de CRM (*Customer Relationship Management* ou Gestão do Relacionamento com o Cliente), programas de pontos, cashback, clubes de assinatura, comunidades fechadas. As marcas estão obcecadas em "reter" seus clientes. O problema é que o consumidor não quer mais ser retido.

Vivemos a era da infidelidade voluntária. E isso não é um defeito, mas um novo padrão de comportamento. O cliente não está mais comprometido com a sua marca; está comprometido com a melhor escolha para o momento. Se antes o vínculo emocional era construído ao longo de anos, agora ele dura até a próxima aba do navegador.

Veja, por exemplo, estes dados recentes apresentados pela Google na National Retail Federation (NRF), evento global de varejo no qual a delegação da StartSe esteve presente:

[1] Fonte: Google + Mosaiclab, Visão Omni 2023.
[2] Fonte: Google-commissioned Ipsos Consumer Continuous BR- n=500-1,000 online consumers 18+ per market, June 5-11, 2023.

Esses dados nos mostram que metade do Brasil está constantemente experimentando novos fornecedores. Isso é um pesadelo para quem apostava em recorrência automática – mas é uma oportunidade de ouro para novos ingressantes. Nunca foi tão possível conquistar seu lugar no mercado com agilidade, se a proposta de valor for clara, atual e bem distribuída.

Mas o jogo é duplo. Enquanto novas marcas testam formatos e capturam atenção, as grandes marcas precisam dançar em dois palcos ao mesmo tempo: proteger os campeões de vendas, que sustentam o negócio, e inovar com velocidade, antes que a irrelevância se instale. Isso exige portfólio dinâmico, canais flexíveis e times capazes de operar com ambidestria.

Na NRF deste ano, outro dado chamou atenção: 72% dos consumidores globais preferem marcas que "sempre inovam" ou que ao menos *pareçam* inovadoras. Isso mostra que, muitas vezes, a percepção de inovação já é suficiente para manter o cliente curioso e engajado. Ser novo, surpreendente, mutante – isso tem valor real no mercado da infidelidade.

Portanto, uma coisa é certa: quem continuar acreditando que lealdade é conquistada apenas com tradição, estabilidade ou histórico de mercado vai falar com um cliente que já não está mais ouvindo.

UM NOVO PADRÃO DE COMPETIÇÃO

O cenário é ainda mais crítico quando se observa o poder de escala e eficiência desses novos concorrentes. As plataformas chinesas não são apenas varejistas: são ecossistemas digitais integrados que reúnem dados de comportamento em tempo real, otimizam cada etapa da jornada do cliente e iteram rapidamente com base no que funciona. O que ontem era um teste, hoje já está implantado em larga escala. Essa velocidade torna irrelevante qualquer vantagem construída apenas com base em tradição ou presença de mercado local.

Além disso, há um fator estrutural: o Brasil se tornou o campo de provas ideal para essas empresas. Somos um país com alto uso de smartphones, cultura aberta à experimentação, consumidores sensíveis a preço e um ambiente regulatório desafiador. Para uma empresa chinesa, isso é uma oportunidade perfeita de testar formatos, ajustar modelos e depois escalar globalmente, pois, se funciona no Brasil, provavelmente funcionará em outros mercados emergentes.

Nos últimos cinco anos, plataformas como Shopee, Shein, Temu, Kwai e TikTok Shop assumiram o volante do mercado.[1] Dados recentes mostram que, em 2023, a Shopee liderou o número de acessos no e-commerce brasileiro, ultrapassando gigantes como Amazon e Americanas.[2]

Em paralelo, a Temu escalou sua presença digital e, em abril, se consolidou como a maior plataforma em tráfego no Brasil, superando justamente a Shopee.[3] Esse crescimento, em menos de um ano, não é trivial, pois representa uma mudança no comportamento de navegação e descoberta do consumidor brasileiro. O apetite por novidade, cupons, jogos e preços extremamente baixos está falando mais alto que a fidelidade a marcas estabelecidas.

---

[1] SODRÉ, E.; PASSOS, P. Brasil importa "capitalismo chinês", com concorrência agressiva em carros, tecnologia e serviços. **Folha de S.Paulo**, 8 jul. 2025. Disponível em: https://www1.folha.uol.com.br/mercado/2025/07/brasil-importa-capitalismo-chines-com-concorrencia-agressiva-em-carros-tecnologia-e-servicos.shtml. Acesso em: 28 jul. 2025.

[2] KINA, L. Mercado Livre, Shopee e Amazon fecham 2024 como principais e-commerces do Brasil. **E-Commerce Brasil**, 23 jan. 2025. Disponível em: www.ecommercebrasil.com.br/noticias/mercado-livre-shopee-e-amazon-fecham-2024-como-principais-e-commerces-do-brasil. Acesso em: 28 jul. 2025.

[3] KINA, L. Temu mantém escalada no tráfego do e-commerce brasileiro **E-Commerce Brasil**, 22 maio 2025. Disponível em: www.ecommercebrasil.com.br/noticias/temu-mantem-escalada-no-trafego-do-e-commerce-brasileiro. Acesso em: 28 jul. 2025.

SER NOVO, SURPREENDENTE, MUTANTE – ISSO TEM VALOR REAL NO MERCADO DA INFIDELIDADE.

O NOVO RADAR DOS NEGÓCIOS
@FABIO_NETO_

Dados de jan-mai/2025

Temu ultrapassa todos os concorrentes

Visitas web, 2025, em milhões

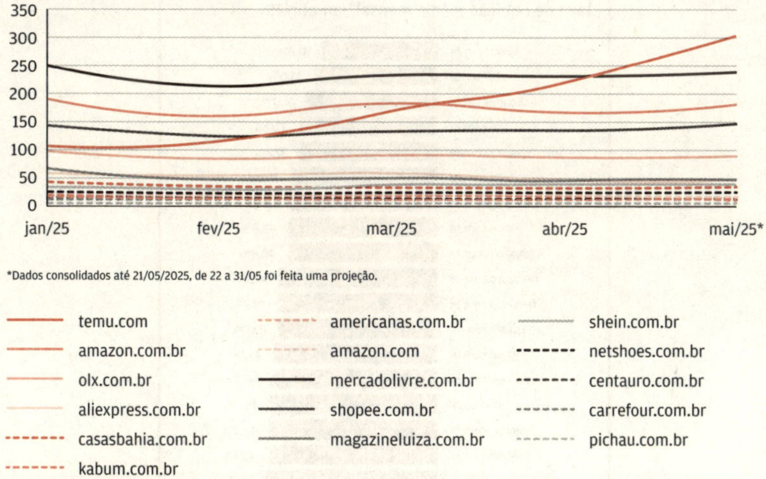

Dados de 28/abr - 21/mai/2025

Zoom-in visitas diárias mensais em maio

Visitas diárias web, 2025, em milhões

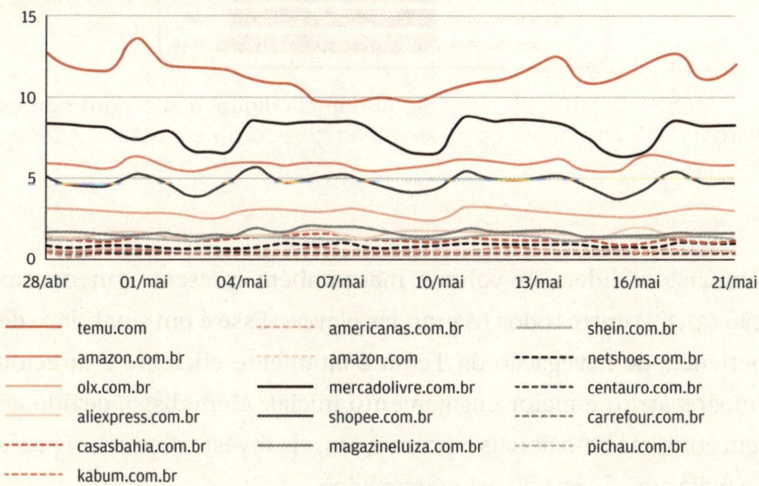

Fonte: SNAQ; SIMILARWEB; STARTSE. **Audiência digital dos e-commerces brasileiros**. 2025. Disponível em: www.snaq.co/ecommerce-2025. Acesso em: 28 jul. 2025.

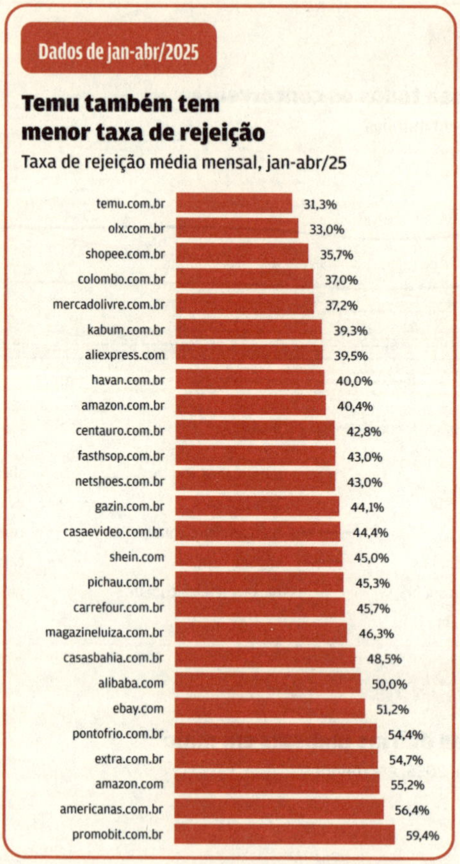

Fonte: SNAQ; SIMILARWEB; STARTSE. **Audiência digital dos e-commerces brasileiros**. 2025. Disponível em: www.snaq.co/ecommerce-2025. Acesso em: 28 jul. 2025.

Temu não só lidera em volume, mas também apresenta a menor taxa de rejeição (31,3%) entre todos os grandes *players*. Esse é um sinal claro de que a experiência de navegação da Temu é altamente eficiente e direcionada, com menos atrito e maior engajamento inicial. Além disso, devido ao seu foco em compras emocionais e promoções, ela investe menos em profundidade e mais em eficácia de primeira página.

A baixa rejeição sugere um domínio tecnológico por trás do *front-end*: inteligência algorítmica que adapta ofertas ao perfil do visitante, uma oferta de experiência ao usuário centrada em estímulos visuais e recompensas rápidas, e um design que antecipa os desejos do consumidor antes mesmo que ele precise fazer alguma busca. Esse é o grande trunfo do modelo chinês: não vender produtos, mas sim uma experiência imediata e encantadora.

Fonte: SNAQ; SIMILARWEB; STARTSE. **Audiência digital dos e-commerces brasileiros**. 2025. Disponível em: www.snaq.co/ecommerce-2025. Acesso em: 28 jul. 2025.

Outro grande exemplo de dominação total é o TikTok, que muitos julgam erroneamente como uma "rede social de dancinhas", mas que na verdade se consolidou com uma das maiores plataformas de conteúdo e entretenimento do país. Tanto é que, em 2024, ultrapassou o WhatsApp e passou a ser o aplicativo mais usado do Brasil – isso tudo antes mesmo de lançar suas funcionalidades de Shopping e Search Ads.[4]

[4] VEJA as redes onde os brasileiros mais passam tempo; WhatsApp perde liderança. **Forbes**, 17 jun. 2024. Disponível em: https://forbes.com.br/forbes-tech/2024/06/veja-as-redes-onde-os-brasileiros-mais-passam-tempo-whatsapp-perde-lideranca/. Acesso em: 28 jul. 2025.

Forbes, 17 jun. 2024.

Veja as redes onde os brasileiros mais passam tempo; WhatsApp perde liderança

Levantamento recente da Data AI Intelligence mostrou que as plataformas estão próximas em média de uso apesar de algumas se destacarem

O WhatsApp perdeu a liderança para o TikTok

Brasileiros passam 30 horas mensais no TikTok versus 24 horas no WhatsApp

Esses não são apenas casos isolados de sucesso. São a ponta do iceberg de um movimento global de mudança, um movimento que está ressignificando o papel do Brasil no mapa do comércio internacional. Deixamos de ser apenas um país de consumo para nos tornar uma arena de teste e validação de modelos inovadores. Por exemplo, o comércio eletrônico brasileiro cresceu 19% em faturamento em 2024, alcançando 351,4 bilhões de reais, com 125,6 milhões de consumidores ativos on-line, sendo que hoje metade da população compra algo pela internet ao menos uma vez por ano.[5] É nesse mercado consolidado que entra a China, testando e validando modelos de consumo acelerado.

O BRASIL JÁ É CHINÊS

Desde 2009, a China ocupa o posto de maior parceiro comercial do Brasil, respondendo atualmente por cerca de 30% da nossa base exportadora – mais que o dobro do segundo colocado, os Estados Unidos. Segundo dados do Ministério do Desenvolvimento, Indústria, Comércio e Serviços (MDIC), o país asiático é hoje o principal destino das exportações de quinze estados brasileiros (Alagoas, Bahia, Distrito Federal, Goiás, Maranhão, Mato Grosso, Mato Grosso do Sul, Minas Gerais, Pará, Paraná, Piauí, Rio de Janeiro, Rio Grande do Sul, Roraima e Tocantins). Em 2024, as exportações brasileiras para a China representaram 28% do total, com destaque para soja em grão, petróleo e minério de ferro.[6] Esse mercado responde sozinho

---

[5] MADUREIRA, D. Mais velhos puxam alta nas compras pela internet no Brasil. **Folha de S.Paulo**, 14 maio 2025. Disponível em: https://www1.folha.uol.com.br/mercado/2025/05/mais-velhos-puxam-alta-nas-compras-pela-internet-no-brasil.shtml. Acesso em: 28 jul. 2025.

[6] CONSIDERA, C. *et. al.* O comércio exterior do Brasil (1997-2024). **Blog do IBRE**, 9 abr. 2025. Disponível em: https://blogdoibre.fgv.br/posts/o-comercio-exterior-do-brasil-1997-2024. Acesso em: 11 ago. 2025.

por 41,4% do superávit comercial brasileiro.[7] No sentido inverso, as importações vindas da China corresponderam a 24% do total importado pelo Brasil no mesmo ano, sendo os principais itens produtos químicos e orgânicos, material eletrônico básico e automóveis, camionetas e utilitários.

NOVAS FORMAS DE JOGAR

O problema central é que muitos gestores ainda enxergam essa realidade com desconfiança ou certo desprezo estratégico, como se tudo isso fosse passageiro – mas não é. Basta pensar nas inúmeras empresas chinesas que entraram no mercado brasileiro nos últimos anos: BYD, GWM, Zeekr, Geely, Leapmotor, MG Motor, Neta, Omoda Jaecoo, Polestar, Riddara, Wuling, GAC, Huawei, Xiaomi, Midea, Hisense, Haier, TCL, Galanz, Gree... E isso apenas nos meios automobilístico e de eletrônicos. Se formos analisar todos os setores, teremos uma lista de páginas e páginas.

Contudo, o principal é que não se trata apenas de "produtos da China"; trata-se de uma nova forma de pensar, operar e escalar um negócio. Esses movimentos operam sob uma lógica de velocidade extrema e iterações em tempo real. Enquanto as empresas nacionais aplicam em seus negócios ciclos de seis a doze meses, as companhias chinesas lançam, testam, corrigem e escalam em semanas. Elas não precisam ser perfeitas, pois aprendem conforme o cliente interage e usam dados intensivamente para esse fim.

Afinal, nesse **novo jogo digital**, qualquer vantagem construída apenas com tradição local ou presença física pode ser rapidamente eliminada. Nesse ritmo, táticas antigas como promoções espaçadas, canais isolados e planilhas estáticas, não sobrevivem.

---

[7] IMPULSO das exportações: Brasil bate recorde no comércio exterior no primeiro semestre e amplia parceria com a China. **ApexBrasil**, 14 jul. 2025. Disponível em: https://apexbrasil.com.br/br/pt/conteudo/noticias/Impulso-das-Exportacoes-Brasil-bate-recorde-no-comercio-exterior-no-primeiro-semestre-e-amplia-parceria-com-a-China.html. Acesso em: 11 ago. 2025.

DEIXAMOS DE SER APENAS UM PAÍS DE CONSUMO PARA NOS TORNAR UMA ARENA DE TESTE E VALIDAÇÃO DE MODELOS INOVADORES.

Os negócios locais enfrentam uma pressão sem precedentes: logística nacional complexa, carga tributária elevada, dificuldade de acesso a crédito e uma transformação digital que exige investimento, cultura e talento. Pode não ser uma competição justa, mas é a competição real. E quanto mais tempo demorarmos para entender essa nova lógica, maior será a defasagem.

Negar essa mudança é abrir mão do futuro. Fingir que ela não afeta seu mercado é um erro grave. E esperar que ela passe é desperdiçar uma oportunidade de transformação.

CUSTO DA INÉRCIA

Em um cenário no qual a velocidade dita as regras, a inércia virou um dos ativos mais caros de uma empresa. Aquilo que ontem era sinônimo de solidez (manter os mesmos processos, fornecedores e canais) hoje representa risco estratégico. Muitos gestores ainda subestimam a profundidade da transformação em curso, tratando as novas plataformas chinesas como uma "onda passageira". Mas o mercado está sendo reconfigurado em tempo real, e o custo de não se adaptar não aparece na contabilidade ao final do mês – ele surge, silenciosamente, na erosão do seu espaço no mercado.

Essa perda de espaço já é visível em setores antes considerados sólidos. No varejo de eletrônicos, por exemplo, a presença de marketplaces asiáticos já representa uma fatia significativa das vendas digitais. Dados do Itaú BBA de 2023 calculam que a Shein detenha pelo menos 5% do mercado de moda brasileiro; e, segundo o BTG Pactual, a receita bruta da Shopee em 2024 foi de cerca de 20 bilhões de reais, superando varejistas tradicionais com décadas de operação, como C&A e Renner.[8] Isso não aconteceu com guerra de preços apenas – aconteceu porque esses *players* dominaram o tempo,

[8] CARRANÇA, T. Shein e Shopee: qual o impacto da "taxa da blusinhas" nas vendas das lojas estrangeiras no Brasil? **BBC News Brasil**, 3 fev. 2025. Disponível em: www.bbc.com/portuguese/articles/c8971q38dw2o. Acesso em: 29 jul. 2025.

o algoritmo e a jornada digital. E cada ponto percentual perdido hoje custará milhões para ser reconquistado amanhã.

Outro efeito colateral da inércia é a quebra silenciosa da fidelidade do consumidor. O que antes se mantinha com cartão fidelidade, boas campanhas ou atendimento cordial hoje depende de conexão emocional, conveniência extrema e personalização contínua. O consumidor atual não espera mais ser atendido: ele espera ser compreendido, surpreendido, reconhecido. E quem não entrega isso com consistência vê sua base migrar para onde o algoritmo entende melhor os hábitos, as preferências e o tempo de atenção dela. A lealdade virou um fenômeno algorítmico, não mais institucional.

As margens de venda, por sua vez, também são vítimas quando apenas se observa o mercado sem agir. Mas não por erro de precificação, e sim pela pressão vinda de fora: empresas que operam com custo de capital global, produção escalável, base tecnológica própria e cultura de experimentação conseguem entregar mais por menos. Enquanto negócios locais negociam centavos em contrato com fornecedores, plataformas como Temu e AliExpress já eliminaram metade da cadeia de intermediação. O resultado? Produtos com preços significativamente menores (estudos indicam diferenças de 30% a 70% em categorias específicas), entregues com rastreio completo e campanhas customizadas por perfil de cliente.[9]

Diante desses desafios, então, ignorar a realidade é como continuar navegando com um mapa antigo enquanto os ventos mudam. O preço da inércia não é só a perda de clientes. É a **perda da relevância como marca**, a fragilização da cultura interna, a dificuldade de atrair talentos e a crescente pressão dos conselhos e investidores por adaptação. No novo jogo, o que paralisa não é a falta de ideias – é a insistência em operar com modelos ultrapassados enquanto o mundo gira na velocidade de uma live no TikTok.

---

[9] PLATAFORMAS chinesas avançam no e-commerce brasileiro e pressionam o varejo nacional. **Expoecomm**, 18 mar. 2025. Disponível em: www.expoecomm.com.br/plataformas-chinesas-avancam-no-e-commerce-brasileiro-e-pressionam-o-varejo-nacional. Acesso em: 11 ago. 2025.

O MERCADO ESTÁ SENDO RECONFIGURADO EM TEMPO REAL, E O CUSTO DE NÃO SE ADAPTAR NÃO APARECE NA CONTABILIDADE AO FINAL DO MÊS – ELE SURGE, SILENCIOSAMENTE, NA EROSÃO DO SEU ESPAÇO NO MERCADO.

Fica o alerta: as novas regras do jogo já estão em vigor. E quem continuar jogando com as regras antigas corre o risco de se tornar irrelevante.

Em síntese...

- A mentalidade ocidental e as dificuldades da logística local concorrem com a lógica chinesa, que é implacável;
- O consumidor mudou e espera ter no varejo local o que experimentou no *mobile*, em apps em lives;
- O campo de batalha já não é local, é global, e o Brasil virou palco desse embate;
- Quem continuar jogando pelas regras do passado vai ficar para trás – e rápido.

O primeiro passo é encarar o problema. O segundo é agir. E este livro é o seu mapa para atravessar essa nova geografia dos negócios.

Agora que chamei sua atenção, no próximo capítulo vamos explorar quem é você neste novo cenário, por que sente essa pressão e se está, de fato, preparado para o que está acontecendo.

2

QUEM É VOCÊ NESTE NOVO JOGO?

Talvez você seja um executivo sênior em uma grande empresa, lide com pressão constante por resultados trimestrais, participe de conselhos, conduza reuniões estratégicas e coordene times multifuncionais em diferentes regiões do país. Talvez você tenha histórico, reputação e uma trajetória sólida, mas ainda assim perceba que o jogo está escapando por entre os dedos. As decisões que antes eram certeiras agora são questionadas, e os modelos de sucesso do passado já não entregam os mesmos resultados.

Ou talvez você seja uma empresária com um negócio regional bem-estabelecido, que cresceu com muito trabalho, cuidando de tudo de perto. Já enfrentou crises econômicas, trocas de governo, variações cambiais e mudanças nos hábitos do consumidor. Mas agora o que a desafia não é a economia – é o ritmo alucinante da transformação digital. Você vê plataformas surgindo e dominando seu público, influenciadores ditando tendências e aplicativos gerando vendas enquanto você ainda negocia aluguéis ou margens com fornecedores.

Pode ser também que você esteja na linha de frente de um time comercial, de marketing ou digital. Você lê os relatórios, estuda os dados, acompanha o mercado. Sabe que precisa mudar, mas se vê limitado por estruturas lentas, decisões travadas ou prioridades desconectadas da realidade do cliente.

Isso porque as métricas tradicionais não explicam mais o comportamento do consumidor. A performance de campanhas está cada vez mais imprevisível. E você carrega, ainda, uma pressão solitária de trazer respostas, mesmo sem ter as perguntas totalmente formuladas.

Seja qual for seu cargo, porte ou setor, uma coisa nos une neste momento: algo mudou. E mudou rápido demais. A sensação é desconfortável.

É como se você estivesse jogando xadrez em um tabuleiro que mudou de formato, mas sem que alguém o avisasse disso. Agora, o jogo virou uma disputa em tempo real, multicanal, e cada jogada envolve dados, algoritmos, inteligência artificial e interação social. Só que você ainda está com peças de madeira na mão, tentando antecipar o próximo movimento, enquanto o jogo já acontece do outro lado da tela.

Mas você faz a sua parte. Testa canais novos, atualiza o portfólio de produtos, conversa com startups, contrata consultorias de inovação, investe em treinamentos para a equipe. Implementa um novo CRM, troca o sistema de gestão, faz *benchmarking*, participa de eventos de tendências. Mesmo assim, a impressão é de que está sempre correndo atrás de algo que você não consegue nomear. Como se houvesse um atraso estrutural entre sua intenção de mudança e a velocidade que o mercado exige.

É um sentimento comum e legítimo. Muitos líderes estão vivendo essa frustração silenciosa: fazem o máximo dentro do possível, mas não conseguem romper a bolha da repetição. Tentam acelerar, mas os freios organizacionais são sempre acionados. Tentam inovar, mas esbarram na cultura, no orçamento, na zona de conforto. E o que era para ser um plano de crescimento vira um esforço para não perder mais terreno. Afinal, o cansaço vem não da falta de ação, mas da sensação de ineficácia diante de um sistema que se transformou completamente.

E é compreensível. A cada semana surge um nome novo: Temu, Keeta, Halara, TikTok Shop. Marcas e aplicativos que até pouco tempo pareciam irrelevantes ou restritos a nichos específicos agora estão no centro da atenção do consumidor. Estão na palma da mão, no *feed*, no WhatsApp, no TikTok da sua filha ou do seu cliente mais fiel. E, de maneira quase imperceptível, pouco a pouco passaram a definir o que é considerado uma boa experiência de compra.

Essas plataformas estão vendendo não apenas produtos, mas uma nova lógica de consumo. Com visual atrativo, navegação fluida, gatilhos psicológicos bem-pensados e estímulos constantes, elas transformaram o ato de comprar em entretenimento. E, nessa nova lógica, o consumidor aprendeu que não precisa mais esperar muito, pagar caro ou se contentar com o básico.

Afinal, preço baixo não é mais diferencial – é ponto de partida. O consumidor quer pagar menos, sempre. Entrega rápida deixou de ser elogio e passou a ser o mínimo. E se o atendimento digital não for instantâneo, intuitivo e resolutivo, o cliente abandona o carrinho. O consumidor foi educado por essas novas experiências e agora cobra isso de todos os demais.

Recentemente, em uma mentoria nossa, conversei por horas com o CEO de uma das maiores redes de varejo do Brasil. Ele me confidenciou: "Nós sempre fomos os reis da entrega rápida, da variedade. Agora, a Shopee entrega em três dias o que eu levo dez, e a Temu tem um catálogo que eu jamais conseguiria replicar. E o pior: o preço deles é uma fração do meu. Como eu explico isso para o meu conselho? Como eu convenço meu time de vendas a competir com o 'frete grátis para tudo'?".

E esse veterano, com décadas de experiência, me olhava com uma mistura de perplexidade e frustração. "Fabio, eu sempre soube que a China era uma força. Mas era uma força lá, do outro lado do mundo. Agora, sinto que ela está sentada na minha mesa, ditando as regras do meu jogo. Meus clientes, que antes valorizavam a qualidade do meu material, agora me perguntam por que não consigo vender um tênis por 50 reais, como veem na Shein."

Talvez você tenha sentido isso na pele, mas sequer tenha tido tempo de racionalizar. Aquele cliente que sempre comprava com você de repente sumiu. Você reabriu sua loja física com cuidado, montou uma vitrine estratégica, ativou sua base com campanhas sazonais... e o retorno foi pífio. O movimento não reagiu como antes. Algo mudou.

Essa é a bruta realidade. O que antes era uma provocação, em frases do tipo "o Brasil já é chinês", hoje se materializa em números, em hábitos de consumo e na realidade do dia a dia do consumidor brasileiro. Não é mais uma teoria; é a sua concorrência, a sua régua, o seu desafio.

Ao me aprofundar na conversa com o CEO, quis entender como ele enxergava as campanhas sazonais e promocionais, que parecem estar cada vez mais confusas. Ele confessou: "Pela primeira vez em mais de vinte anos de empresa, minhas promoções de Dia das Mães não deram resultado. Enquanto isso, minhas funcionárias estavam comprando no celular delas, no intervalo, produtos parecidos com os que eu vendia, mas com entrega em dois dias e 30% mais baratos".

Sei que você também conhece essa dor que ele está vivendo. Talvez aquela campanha tradicional, feita com o melhor planejamento, tenha tido uma performance muito abaixo da esperada. Você revisou o layout, ajustou o *copy*, otimizou o investimento... mas o alcance e a conversão não acompanharam. E tudo isso enquanto uma dancinha com cupom viraliza em outro app e vende, em poucas horas, mais do que você conseguiu no mês.

"A gente colocou mais de 3 milhões de reais em mídia tradicional, na última campanha de lançamento", meu colega CEO relatou. "Enquanto isso, um microinfluenciador da periferia fez um *reel* com nossos concorrentes e vendeu dez vezes mais do que a gente em três dias. Não estamos mais no mesmo jogo."

E essa nova realidade tomou conta do país. Talvez um concorrente menor, com uma base de seguidores ativa e presença digital leve tenha conquistado relevância rapidamente. Ele não tem loja física, estoque robusto ou anos de história – mas tem leitura de dados, sabe usar tráfego pago, conhece seu público e é rápido na execução. E isso basta para roubar atenção e espaço.

Provavelmente você já presenciou um influenciador vendendo ao vivo, com leveza e espontaneidade, exatamente o mesmo produto que você levou meses para estruturar, cadastrar, estocar e divulgar. E viu esse produto se esgotar em minutos, com comentários, *likes* e pedidos disparando em tempo real. Isso faz você repensar: *Será que estou mesmo no jogo certo, com as ferramentas certas?*

"E sabe o que é pior?", o CEO soltou, por fim. "Nosso time continua batendo meta, mas com um esforço que mais do que dobrou. Mesmo assim, a gente sente que está sendo ultrapassado em percepção digital. O cliente ainda compra com a gente, mas está cada vez mais curioso com o que é novo, rápido e diferente."

Na jornada de construção deste livro, conversei com vários jovens que confessaram fazer todas as suas compras on-line. Uma me disse: "Eu não penso duas vezes. Se preciso de algo, procuro na Shopee ou na Temu.

O JOGO VIROU UMA DISPUTA EM TEMPO REAL, MULTICANAL, E CADA JOGADA ENVOLVE DADOS, ALGORITMOS, INTELIGÊNCIA ARTIFICIAL E INTERAÇÃO SOCIAL.

O NOVO RADAR DOS NEGÓCIOS
@FABIO_NETO_

O preço é imbatível, e chega rápido. Por que eu pagaria mais caro em uma loja física ou em um site brasileiro que demora para entregar?". Essa é a voz da nova geração de consumidores, que cresceu em um mundo digital e espera que suas necessidades sejam atendidas com a mesma velocidade e eficiência de um clique. Eles não têm apego a marcas ou lojas tradicionais; eles buscam valor, conveniência e uma experiência de compra sem atritos.

Assim, é natural encarar toda essa nova realidade e pensar: *Mas como? Como eu, com minha estrutura, meus custos, minha equipe, conseguiria competir com gigantes que têm bilhões de dólares em investimento e uma cadeia de suprimentos global? Será que estou mesmo no jogo certo, com as ferramentas certas?* A resposta para isso não é copiar, mas entender: entender a mentalidade por trás desses modelos de negócio, as estratégias que os impulsionam, a forma como eles se conectam com o consumidor. E, a partir desse entendimento, adaptar, inovar e criar sua própria vantagem competitiva.

Seja você um veterano de décadas no varejo ou uma jovem executiva com olhar afiado para tendências; você pode estar liderando uma rede de lojas físicas ou gerenciando canais digitais de uma grande corporação. O cenário muda, mas o desconforto é o mesmo: uma inquietação que não passa. A clareza de que algo mudou – e sem pedir licença – está não só nos números, mas também no olhar do cliente, nos relatórios de mercado, na forma como os concorrentes se movimentam. É como se o jogo tivesse sido alterado sem qualquer aviso. Tudo o que parecia sólido se tornou questionável, e tudo o que era óbvio virou dúvida.

Você observa sua empresa com atenção redobrada. Analisa o portfólio, revê a jornada do cliente, testa novos canais. Mas as respostas parecem mais lentas do que as perguntas. E a sensação é de que, mesmo com tudo rodando, algo essencial está escapando.

Talvez você tenha crescido aprendendo a valorizar processos, previsibilidade e eficiência. Mas, agora, percebe que agilidade, teste e adaptação valem mais. Que a régua mudou e, com ela, aquilo que o mercado considera uma empresa relevante. Você olha ao redor e vê empresas que eram pequenas ganhando espaço. Marcas que surgiram do zero ditando o ritmo. Plataformas desconhecidas ontem dominando conversas, *feeds* e carrinhos de compra hoje. É um novo tipo de competição, mais silenciosa e muito mais veloz.

TALVEZ VOCÊ TENHA CRESCIDO APRENDENDO A VALORIZAR PROCESSOS, PREVISIBILIDADE E EFICIÊNCIA. MAS, AGORA, PERCEBE QUE AGILIDADE, TESTE E ADAPTAÇÃO VALEM MAIS.

O NOVO RADAR DOS NEGÓCIOS
@FABIO_NETO_

Você sabe que sua liderança segue firme e seu time continua comprometido, mas o ambiente é outro. O consumidor exige mais, os concorrentes se movem mais rápido, as tecnologias se atualizam a cada semana. O que antes lhe dava vantagem, agora cobra atualização.

Você precisa começar a se perguntar se está avaliando esse novo cenário por completo; se está fazendo as perguntas certas; e, mais importante, se sua estratégia está atualizada, ou se você ainda está preso às antigas apresentações em slides. Olhe para seu negócio, suas metas, suas estratégias. Pergunte-se, com coragem e sinceridade: quanto você está preparado para o que já está acontecendo?

Diagnóstico rápido: sua empresa está pronta?

1. Minha marca ainda é relevante na cabeça do consumidor ou é apenas conhecida?
2. Os canais onde invisto mais tempo e recursos ainda são os que geram mais tração?
3. Tenho dados em tempo real que me ajudam a entender mudanças no comportamento do cliente?
4. Meu time tem autonomia para testar com rapidez ou está preso a comitês e aprovações lentas?
5. Nossos principais concorrentes ainda são os mesmos de cinco anos atrás?
6. Já fui impactado por plataformas chinesas como Shopee, Temu, AliExpress, TikTok Shop ou Shein? Como reagi?
7. Quando foi a última vez que testamos um canal novo, um modelo novo, uma abordagem nova?
8. Estamos investindo em inovação real ou apenas atualizando embalagens e campanhas?
9. Minhas estratégias atuais são suficientes para proteger o negócio nos próximos três anos?
10. O que estamos fazendo hoje que será considerado obsoleto nos próximos doze meses?

3

POR QUE AINDA NÃO SABEMOS COMPETIR COM A CHINA

No turbilhão de mudanças que varre o mercado global, a China emerge não apenas como um competidor formidável, mas como um verdadeiro laboratório de inovação, um epicentro de modelos de negócios que desafiam as convenções ocidentais e redefinem o que é possível em termos de escala digital. Um ecossistema que criou mais que tecnologias: criou uma mentalidade própria orientada pela velocidade, pelos dados, pela conveniência extrema e pela capacidade de escalar soluções com uma agilidade que desafia qualquer plano de negócio tradicional. Se no capítulo 1 mergulhamos na realidade inegável da influência chinesa no varejo brasileiro e no capítulo 2 provocamos a reflexão sobre o impacto direto em seu negócio, agora é o momento de ir à raiz do problema, de desvendar o porquê da dificuldade brasileira em compreender e responder adequadamente a essa transformação.

Afinal, apesar de todos os fatos, muitos gestores brasileiros continuam a enxergar a China com lentes turvas. E é justamente aí que mora um dos maiores entraves para a reação estratégica das empresas locais. O caso é que o maior obstáculo para muitos gestores e empresários ocidentais não está na falta de informação em si, mas na falta de informação estruturada, prática e aplicada à sua realidade. O que chega às lideranças são, na maioria das vezes, análises macroeconômicas, reportagens sobre política externa, ou grandes biografias de bilionários chineses que pouco contribuem para a operação de quem precisa decidir amanhã o que fazer com o seu negócio.

A ARMADILHA DO IMAGINÁRIO COLETIVO DISTORCIDO

O segundo problema, até mais profundo, é o viés cultural inconsciente que ainda contamina o imaginário nacional sobre a China. Muitos seguem repetindo frases que soariam anacrônicas em qualquer mesa de discussão estratégica moderna: "A China só copia", "Produtos chineses são ruins", "Isso não se aplica aqui". Essas frases não são apenas imprecisas: elas bloqueiam qualquer tentativa de aprendizado ou adaptação real.

E esse preconceito sutil tem raízes antigas. Por décadas, a China ocupou, na mente ocidental, o lugar de fábrica do mundo: barata e eficiente, mas sem originalidade. Ocorre que, além de ter saído dessa posição, hoje o país lidera, em muitos setores, as práticas mais avançadas de consumo, logística, fintechs, integração de plataformas e até design de produtos. Em outras palavras, a ideia de que o modelo chinês é apenas uma réplica do Ocidente ignora completamente sua capacidade de adaptação, velocidade de execução e reinvenção dos modelos originais.

Dessa forma, quando empresários brasileiros se deparam com a agressividade comercial chinesa em território nacional, frequentemente reagem com surpresa e despreparo. O Brasil continua preso a um retrato desatualizado – e perigoso – de seu principal concorrente no varejo digital.

Isso significa que, enquanto executivos brasileiros ainda debatem a viabilidade de estratégias digitais, empresas chinesas já implementaram, testaram, ajustaram e escalaram soluções que vão muito além do esperado. Pois o que vemos hoje é exatamente o contrário da cópia: é a disrupção por otimização.

E essa prova está nos números. Como vimos no capítulo 1, em 2024 o TikTok superou o WhatsApp como o aplicativo mais utilizado pelos brasileiros. Isso não aconteceu por acaso. A plataforma, controlada pela gigante chinesa ByteDance, dominou o tempo, o desejo e a atenção dos consumidores. E agora, em 2025, com a chegada do TikTok Shop, ela começa a dominar também o consumo. Ou seja: o cliente brasileiro já se rendeu à lógica chinesa. O que falta é o gestor brasileiro se permitir aprender com ela.

Contudo, para compreender a profundidade desse problema, é necessário reconhecer que os vieses brasileiros em relação à China não são fenômenos recentes. Nos últimos cinquenta anos de relações entre Brasil e China, não foram raras as correntes na sociedade brasileira que se mostraram contrárias à presença chinesa, muitas vezes apoiadas em estereótipos e preconceitos. Dessa maneira, esses preconceitos históricos se perpetuaram e hoje se manifestam no ambiente empresarial como resistência à adoção de práticas comerciais chinesas, mesmo quando estas se mostram altamente eficazes.

A resistência à mudança, no entanto, não se resume ao preconceito. Ela vem, muitas vezes, embalada em argumentos sofisticados: "Nosso mercado é diferente", "Nosso consumidor é mais exigente", "Nossa legislação é mais rígida". Tudo isso pode ser verdade até certo ponto, mas também pode ser desculpa. O que vemos é que as empresas chinesas não apenas estudaram as nuances do Brasil como estão operando dentro dessas limitações com maestria e velocidade.

Portanto, quando observamos a reação de muitos empresários brasileiros diante do sucesso de plataformas como Shopee, Temu, AliExpress, TikTok Shop e Shein no mercado nacional, percebemos que a primeira resposta deles frequentemente não é a análise estratégica, mas sim o questionamento da legitimidade desse sucesso. Em outras palavras, em vez de estudarem os modelos de negócio que tornaram essas empresas dominantes, muitos gestores brasileiros preferem atribuir seu crescimento a fatores externos, como subsídios governamentais ou práticas comerciais "desleais".

Só que essa postura defensiva impede que empresários brasileiros identifiquem as verdadeiras causas do sucesso chinês. Consequentemente, enquanto se perde tempo questionando a legitimidade da concorrência, as empresas chinesas continuam expandindo sua participação no mercado brasileiro, refinando suas estratégias e consolidando posições que se tornam cada vez mais difíceis de contestar.

Outra parte do problema é epistemológica. O Brasil consome pouco conteúdo qualificado sobre a nova China. O que chega nas redes sociais são memes, medos ou narrativas parciais. Poucos livros falam da China contemporânea com profundidade prática, e poucos podcasts traduzem a lógica de um superapp ou a engenharia por trás de um modelo como o *Community Group Buying*.

Além disso, a proliferação de desinformação sobre a China nas redes sociais brasileiras agrava significativamente esse cenário. Conforme verificado em checagens de fatos recentes, com frequência circulam informações falsas sobre acordos comerciais entre Brasil e China, investimentos chineses no país e até mesmo práticas empresariais chinesas. Dessa forma, a desinformação não apenas distorce a percepção pública, mas também influencia decisões empresariais baseadas em premissas incorretas e funciona como uma barreira adicional que impede uma análise objetiva dos modelos de negócio chineses.

O FENÔMENO DA SINOFOBIA EMPRESARIAL E MIOPIA ESTRATÉGICA

Sem dúvidas, o maior erro estratégico do Brasil é não levar a China a sério como potência de inovação. Há um atraso cognitivo, alimentado por uma mistura de desinformação, preconceito e arrogância corporativa. Essa combinação faz com que líderes brasileiros se apeguem ao passado, enquanto o futuro já está operando a alguns cliques de distância.

Mais preocupante ainda é o surgimento do que podemos chamar de "sinofobia empresarial" no ambiente de negócios brasileiro. Isso significa que, além dos preconceitos culturais tradicionais, desenvolveu-se uma resistência específica à adoção de práticas comerciais chinesas, mesmo quando estas demonstram resultados superiores. Em outras palavras, existe uma tendência de rejeitar automaticamente estratégias de origem chinesa, ainda que sua eficácia seja comprovada. Eu, por exemplo,

O CLIENTE BRASILEIRO JÁ SE RENDEU À LÓGICA CHINESA. O QUE FALTA É O GESTOR BRASILEIRO SE PERMITIR APRENDER COM ELA.

O NOVO RADAR DOS NEGÓCIOS
@FABIO_NETO_

vejo isso diariamente no Instagram e no LinkedIn. Sempre que divulgo boas práticas chinesas e o que tenho visto por lá nas minhas visitas, surgem vários comentários de desconfiança, questionamentos sobre aplicabilidade e os famosos *haters*, que preferem olhar somente por suas lentes enviesadas.

Grande parte da nossa dificuldade em competir está justamente nessa miopia estratégica. Continuamos tentando proteger o que já temos quando deveríamos estar desenvolvendo capacidades novas. A lealdade do consumidor não se dá mais pelo histórico da marca, mas pela experiência da jornada. E isso os chineses entenderam antes de todo mundo. Dessa forma, quando empresas brasileiras se deparam com conceitos como *live commerce, social commerce* ou *Community Group Buying*, a primeira reação não costuma ser avaliar a aplicabilidade ao mercado nacional, mas questionar a origem chinesa. Consequentemente, essa postura impede que gestores brasileiros aproveitem inovações que poderiam revolucionar seus modelos de negócio.

Além disso, essa sinofobia empresarial se manifesta na resistência à contratação de consultorias especializadas no mercado chinês ou na implementação de tecnologias desenvolvidas por empresas chinesas. Em vez de buscarem compreender e adaptar as melhores práticas globais, muitos empresários brasileiros preferem manter-se em zonas de conforto que, ironicamente, os tornam mais vulneráveis à concorrência chinesa.

Outro exemplo claro: a cobertura midiática sobre a Shein quando ela chegou ao país. Em vez de análises da genialidade de sua cadeia produtiva, da resposta ao comportamento do consumidor e da construção de um marketplace híbrido, o que se via eram manchetes sobre pirataria, importação e exploração. Não que esses temas não sejam relevantes, mas eles obscurecem o verdadeiro debate: o que podemos aprender com a Shein sobre velocidade, sensibilidade aos dados e adaptação de produto?

Quando empresários brasileiros descartam estratégias chinesas como "cópias", estão na verdade rejeitando versões otimizadas e frequentemente superiores de conceitos que poderiam revolucionar seus próprios negócios.

A mesma lógica vale para a Temu, que em menos de doze meses, em 2025, conquistou a maior quantidade de acessos dentre os e-commerces do Brasil.[10] Vários gestores ainda tratam a empresa como algo menor, um fenômeno passageiro, mas a Temu opera com uma máquina algorítmica de personalização que ajusta a home de cada usuário em tempo real e usa técnicas de gamificação que fazem o consumidor voltar todos os dias. Isso não é passageiro: é sofisticação.

Por exemplo, o conceito de superapp, popularizado por plataformas como WeChat, não é uma simples cópia de aplicativos ocidentais, mas sim uma reimaginação completa de como os consumidores podem interagir com serviços digitais. Por consequência, quando empresas brasileiras tentam replicar esse modelo sem compreender sua lógica subjacente, frequentemente falham, porque estão copiando a superfície sem entender a essência.

Outro aspecto fundamental que escapa à compreensão de muitos gestores brasileiros é a velocidade de execução chinesa. A China é uma máquina de execução: enquanto muitos líderes locais ainda estão tentando adaptar seu planejamento de recursos empresariais (ERP), a concorrência já está testando modelos de *live commerce* com influenciadores regionais e pagamentos integrados por Pix. O tempo está contra quem não muda. Mas, acima de tudo, está contra quem não quer entender por que precisa mudar. Isso significa que a diferença não está apenas na qualidade das ideias, mas fundamentalmente na velocidade de transformá-las em realidade – e essa diferença de ritmo se traduz em vantagem competitiva.

Por exemplo, quando observamos o sucesso de aplicativos como TikTok Shop e Kwai Shop no mercado brasileiro, não estamos vendo apenas produtos superiores, mas também o resultado de uma cultura organizacional que prioriza a experimentação rápida e a adaptação constante. Em outras palavras, essas empresas tanto chegaram primeiro ao mercado brasileiro quanto continuam evoluindo em velocidade superior à capacidade de resposta da concorrência local.

E o mais interessante: essas empresas estão aprendendo com o Brasil. Estão localizando produção, contratando agências, criando conteúdos com

---

[10] SNAQ; SIMILARWEB; STARTSE. **Audiência digital dos e-commerces brasileiros**. 2025. Disponível em: www.snaq.co/ecommerce-2025. Acesso em: 28 jul. 2025.

influenciadores locais e ajustando o discurso à nossa linguagem emocional. A pergunta é: e o Brasil? Está aprendendo com elas?

A BARREIRA DA COMPLEXIDADE CULTURAL

Outro obstáculo significativo é a tendência de empresários brasileiros de subestimar a complexidade cultural necessária para compreender verdadeiramente os modelos de negócio chineses. Muitos gestores acreditam que podem simplesmente importar estratégias chinesas sem considerar os contextos culturais, sociais e econômicos que as tornaram eficazes. Na prática, falta vontade de adaptar. E adaptar é diferente de copiar. O modelo chinês não é uma fórmula pronta: ele é uma lógica, um ritmo, uma maneira de experimentar e aprender que pode – e deve – ser ajustada para o Brasil.

Quando empresas brasileiras tentam implementar conceitos como gamificação de compras ou *live commerce* sem compreender os aspectos culturais que os sustentam, costumam ter resultados decepcionantes. Essa barreira cultural cria um círculo vicioso em que tentativas malsucedidas de implementação de práticas chinesas reforçam preconceitos sobre sua eficácia, quando na realidade o problema está na execução inadequada. Nesse contexto, em vez de aprenderem com os fracassos e refinarem a abordagem, muitos empresários brasileiros simplesmente abandonam estratégias que poderiam ser muitíssimo eficazes se adequadamente adaptadas.

Diante desse cenário, torna-se evidente que a principal barreira para empresários brasileiros não é a falta de acesso a informações sobre a China, mas a presença de filtros cognitivos e culturais que distorcem a interpretação dessas informações. Em outras palavras, ao passo que dados sobre práticas empresariais chinesas estão amplamente disponíveis, a capacidade de processá-los de maneira objetiva está comprometida por preconceitos e vieses profundamente enraizados.

Portanto, este capítulo é um convite à humildade estratégica, à compreensão de que não saber competir com a China não é uma falha definitiva, mas um problema grave que só começa a ser resolvido quando aceitamos

A LEALDADE DO CONSUMIDOR NÃO SE DÁ MAIS PELO HISTÓRICO DA MARCA, MAS PELA EXPERIÊNCIA DA JORNADA. E ISSO OS CHINESES ENTENDERAM ANTES DE TODO MUNDO.

O NOVO RADAR DOS NEGÓCIOS
@FABIO_NETO_

que há algo a aprender. E de que, sim, é possível aprender rápido, desde que estejamos dispostos a abandonar os filtros que nos impedem de enxergar com clareza.

A transformação necessária não é apenas informacional, é fundamentalmente perceptual. Isso significa que empresários brasileiros precisam desenvolver a capacidade de separar análise estratégica de julgamentos culturais, reconhecendo que práticas empresariais eficazes podem ter origem em qualquer cultura e devem ser avaliadas por seus méritos, não por sua procedência.

Os gestores brasileiros que conseguirem superar esses vieses e desenvolver uma compreensão genuína dos modelos de negócio chineses estarão em posição privilegiada para competir no novo cenário do varejo brasileiro. Por outro lado, aqueles que permanecerem presos a preconceitos e interpretações distorcidas continuarão perdendo participação de mercado para concorrentes que operam com maior clareza estratégica. A partir do próximo capítulo, vamos começar a entender como você pode fazer parte do primeiro grupo. Mas, por enquanto, a pergunta que vale repetir é: o que o está impedindo de aprender com quem está vencendo? Essa mudança de perspectiva é o primeiro passo para qualquer estratégia eficaz de resposta à influência chinesa no varejo nacional.

4

UM NOVO MAPA PARA UM NOVO MUNDO

Após entender por que ainda não conseguimos competir com a China, chegou o momento de mudar o foco: precisamos parar de apenas descrever o cenário e começar a desenhar caminhos possíveis.

Para fazer uma ponte entre o diagnóstico e a direção, precisamos conhecer – ainda que de maneira introdutória – os pilares que sustentam essa nova lógica de competição. Eles serão apresentados como base para os próximos capítulos, onde você encontrará mais detalhes.

No coração da revolução chinesa nos negócios, existe um tripé que sustenta essa escalada global: modelos de negócio inovadores, ecossistemas digitais colossais e a filosofia cultural do Guanxi. Esses três pilares são mais que estruturas empresariais: são mentalidades organizacionais e culturais profundamente enraizadas no modo chinês de operar, e compreender esses elementos é fundamental para qualquer empresa brasileira que deseje prosperar no novo cenário competitivo global.

O TRIPÉ DE SUSTENTAÇÃO DA SUPREMACIA CHINESA

PRIMEIRO PILAR: O REINO DOS MODELOS DE NEGÓCIO INOVADORES

A China criou modelos como o C2M (*Consumer to Manufacturer*), o F2C (*Factory to Consumer*), o *Community Group Buying* e o *live shopping*. Esses modelos são mais do que simples formatos comerciais. São verdadeiras engenharias de mercado que invertem lógicas tradicionais, colocam o consumidor no centro da cadeia de valor e utilizam dados em tempo real para reduzir desperdícios e maximizar impacto.

O modelo C2M, por exemplo, representa uma revolução silenciosa que vem transformando a manufatura global. Enquanto empresas brasileiras ainda operam com base em previsões de demanda muitas vezes imprecisas, as plataformas chinesas como JD e Alibaba desenvolveram sistemas que capturam sinais de demanda em tempo real. Consequentemente, esses dados são transformados em relatórios detalhados que orientam a produção, eliminando o desperdício e garantindo que apenas produtos com demanda comprovada sejam fabricados. Isso significa que a tradicional cadeia de suprimentos linear – em que produtos são fabricados, estocados e depois vendidos – foi substituída por um modelo circular no qual a demanda dirige a produção.

Outro exemplo é o *Community Group Buying*, outro modelo revolucionário (sobre o qual falarei mais no capítulo 5) que demonstra como a China conseguiu transformar a socialização em ferramenta comercial. Responsável por movimentar mais de 24 bilhões de dólares em 2024, esse modelo funciona por meio de líderes comunitários que organizam compras coletivas pelo aplicativo WeChat, oferecendo descontos de 20% a 30% em produtos essenciais. Dessa forma, o que poderia ser visto como uma simples estratégia de desconto em volume se revela como uma sofisticada operação de redução de custos logísticos e construção de fidelidade comunitária.

Para empresas brasileiras, isso significa que a competição não é mais apenas uma questão de produto ou preço – mas sim de modelo de negócio. Uma padaria tradicional brasileira não compete só com outras padarias, mas potencialmente com plataformas digitais que podem organizar compras coletivas de pães artesanais, entregues diretamente do forno para grupos de vizinhos, com preços 25% menores que os do varejo tradicional.

Já o *live shopping* talvez seja a evolução mais fascinante dos negócios. Enquanto no Brasil ainda estamos descobrindo as possibilidades do *social commerce*, a China já transformou transmissões ao vivo em máquinas de vendas que movimentam centenas de bilhões de dólares anualmente. Portanto, quando vemos influenciadores brasileiros tentando vender produtos através de lives no Instagram, estamos observando uma versão primitiva do que já é ciência consolidada na China, onde influenciadores fazem transmissões diretamente das fábricas, demonstram produtos em tempo real e fecham vendas instantaneamente com milhões de espectadores simultâneos.

No próximo capítulo, destrincharemos cada um desses modelos com profundidade. Por enquanto, é importante reconhecer que eles são frutos de uma cultura que privilegia a experimentação rápida, a conveniência radical e a personalização em escala.

SEGUNDO PILAR: OS ECOSSISTEMAS DIGITAIS COLOSSAIS

O segundo pilar é formado pelos ecossistemas digitais colossais, que integram múltiplos serviços em plataformas únicas. Na China, empresas como Alibaba, Tencent e ByteDance não criaram apenas soluções: criaram ambientes; locais onde o consumidor vive, consome, interage, paga, se diverte e trabalha – tudo dentro de uma mesma estrutura digital integrada. Ao contrário da lógica tradicional, onde as empresas disputam fatias de mercado, na China elas constroem plataformas em que diversos mercados coexistem e se reforçam mutuamente. Esse conceito de ecossistema – que abordaremos depois com mais detalhes – talvez seja o diferencial mais difícil de replicar, mas também o mais urgente de entender.

A diferença fundamental entre uma empresa tradicional e um ecossistema digital é que a primeira vende produtos ou serviços, enquanto o segundo vende conveniência total. Dessa forma, quando um usuário chinês abre o WeChat pela manhã, não está apenas acessando um aplicativo de mensagens – está entrando em um universo digital onde pode conversar

EXISTE UM TRIPÉ QUE SUSTENTA ESSA ESCALADA GLOBAL: MODELOS DE NEGÓCIO INOVADORES, ECOSSISTEMAS DIGITAIS COLOSSAIS E A FILOSOFIA CULTURAL DO GUANXI.

O NOVO RADAR DOS NEGÓCIOS
@FABIO_NETO_

com amigos, pagar contas, pedir comida, chamar um táxi, investir dinheiro, jogar, fazer compras e até mesmo trabalhar. Consequentemente, a fidelidade do usuário não é conquistada por um produto específico, mas pela impossibilidade prática de sair do ecossistema sem perder conveniência.

Para empresas brasileiras, isso representa um desafio existencial. Enquanto uma loja tradicional nacional compete pela atenção do consumidor durante alguns minutos por semana, os ecossistemas chineses capturam horas diárias de atenção e dados comportamentais. Portanto, quando a Shopee chega ao Brasil, não está apenas oferecendo uma alternativa ao Mercado Livre – está construindo um ecossistema que inclui marketplace, jogos, entretenimento, pagamentos e logística integrada. Em outras palavras, a competição não é mais entre lojas, mas entre ecossistemas completos de vida digital.

TERCEIRO PILAR: GUANXI – O ALGORITMO INVISÍVEL DA CONFIANÇA

O terceiro pilar é o Guanxi – uma palavra sem tradução exata para o português, mas que carrega o sentido de rede de confiança. O Guanxi é uma filosofia que age como algoritmo invisível por trás da velocidade chinesa. Ele substitui a burocracia por confiança, o contrato por relacionamento, o processo por reciprocidade. Sem compreender esse código cultural, é impossível entender por que as empresas chinesas conseguem testar, errar e escalar com tamanha agilidade. Mais do que uma rede de contatos, o Guanxi é uma infraestrutura relacional que conecta pessoas, interesses e propósitos – e que será fundamental para qualquer empresa brasileira que deseje competir nesse novo jogo.

O Guanxi funciona como um sistema operacional social que acelera decisões e reduz custos de transação. Enquanto empresas tradicionais podem levar meses para estabelecer parcerias devido a processos burocráticos, extensas diligências devidas e negociações contratuais complexas, empresas chinesas com Guanxi estabelecido podem fechar acordos em questão de dias ou até horas. Isso não significa que são menos cuidadosas – apenas construíram um sistema de confiança que torna muitos processos formais desnecessários.

O Guanxi também explica por que empresas chinesas conseguem inovar tão rapidamente. Enquanto empresas ocidentais com frequência enfrentam resistência interna a mudanças, silos departamentais e processos de aprovação lentos, o Guanxi cria um ambiente no qual a colaboração é natural e a experimentação, encorajada. Assim, quando uma empresa chinesa identifica uma oportunidade, pode mobilizar recursos internos e externos com velocidade impressionante, testando hipóteses e iterando soluções em ciclos muito mais rápidos que os de seus competidores ocidentais.

A INTEGRAÇÃO DOS TRÊS PILARES NA PRÁTICA BRASILEIRA

Esses três pilares compõem a espinha dorsal do *framework* que apresentaremos a seguir. A ideia é simples: traduzir essa lógica de negócios para a realidade brasileira e mostrar como adaptar e aplicar esses princípios em empresas que já existem, com estruturas que estão operando, mas que precisam de um novo instrumento de navegação para continuar relevantes.

A aplicação desses conceitos no contexto brasileiro requer uma compreensão profunda das diferenças culturais e estruturais entre os dois países. Enquanto a China construiu sua infraestrutura digital praticamente do zero nas últimas duas décadas, o Brasil tem sistemas legados que precisam ser considerados. Portanto, a adaptação não pode ser uma simples cópia, mas sim uma tradução inteligente que respeite as particularidades do mercado brasileiro.

É aqui que entra o nosso R.A.D.A.R.

O R.A.D.A.R.: NAVEGANDO NA NOVA REALIDADE COMPETITIVA

Se o tripé chinês nos mostra a origem da disrupção, o R.A.D.A.R. é a bússola para navegar nela. Ele é um *framework* prático criado para orientar empresas brasileiras que precisam operar com ambidestria: manter o presente funcionando e, ao mesmo tempo, explorar o futuro. Funciona como uma

AO CONTRÁRIO DA LÓGICA TRADICIONAL, ONDE AS EMPRESAS DISPUTAM FATIAS DE MERCADO, NA CHINA ELAS CONSTROEM PLATAFORMAS EM QUE DIVERSOS MERCADOS COEXISTEM E SE REFORÇAM MUTUAMENTE.

O NOVO RADAR DOS NEGÓCIOS
@FABIO_NETO_

lente para ler o mercado e um motor para agir com velocidade, consistência e direção.

O desenvolvimento do sistema R.A.D.A.R. nasceu da necessidade urgente de traduzir os sucessos chineses para a realidade brasileira. Após anos observando como empresas asiáticas conseguem escalar com rapidez, inovar constantemente e dominar mercados globais, tornou-se claro para mim que o diferencial não estava apenas em recursos financeiros ou tecnológicos, mas em uma abordagem sistemática diferente para encarar os negócios. Sendo assim, o R.A.D.A.R. consiste em uma destilação dos princípios mais poderosos da mentalidade chinesa, adaptados para as particularidades e oportunidades do mercado brasileiro.

A sigla corresponde a cinco princípios de ação, que serão explorados nos próximos capítulos. Cada letra do R.A.D.A.R. foi cuidadosamente escolhida para representar não apenas um conceito, mas uma mudança fundamental de mentalidade que empresas brasileiras precisam abraçar para permanecerem competitivas. Não se trata de implementar táticas isoladas, mas de adotar uma nova filosofia operacional que permeia todas as decisões e todos os processos organizacionais.

O primeiro **R** é de **Ritmo**. É a velocidade como linguagem. Você vai aprender por que lançar rápido, testar constantemente e corrigir em tempo real deixou de ser um diferencial e passou a ser a nova base de sobrevivência comercial. Vamos falar de experimentação acelerada, de como desenvolver visão de longo prazo sem paralisar a execução e de como transformar a flexibilidade em vantagem competitiva. Aqui, o foco é criar cadência e fluidez em vez de lentidão e burocracia.

Na sequência, vem o **A** que simboliza um dos maiores trunfos dos modelos asiáticos: **Atrito zero**. Vivemos em um mundo onde o consumidor não aceita obstáculos. O cliente quer pesquisar no celular, comprar na loja e receber em casa – ou vice-versa. Você entenderá por que a separação entre canais é uma ilusão e como construir operações verdadeiramente fluidas, em que físico e digital se fundem em um único organismo centrado no usuário.

Chegamos então ao **D** de **Dados**. Esse tópico trata de inteligência artificial e algoritmos de personalização. A China nos mostrou que a inteligência algorítmica, quando bem-utilizada, cria vantagem em tempo real. Aqui, vamos mergulhar no uso prático da inteligência artificial, na personalização de jornadas, na predição de tendências e no uso inteligente de cada clique do seu consumidor. Você verá como empresas que dominam os dados dominam o jogo.

O próximo **A** é o da **Atenção**, que se refere à experiência social e gamificada. Você descobrirá como transformar cada ponto de contato com seu cliente em uma experiência viva, social e gamificada, e verá que o consumo moderno não é mais apenas funcional – ele precisa ser divertido, envolvente e compartilhável para capturar e reter a atenção. Falaremos, também, de como empresas constroem diferenciação real e se adaptam em tempo recorde às mudanças de comportamento, inclusive explorando novos nichos e posicionamentos digitais.

Por fim, chegamos ao segundo **R: Relevância contínua**. Aqui, exploramos a ideia de obsessão pelo cliente. Não basta atrair uma vez, é preciso manter-se eternamente relevante. E isso exige muito mais do que inovação: exige atenção constante, escuta ativa, construção de marca forte e disposição para adaptar-se continuamente à vida real do consumidor.

Você pode aplicar esses cinco princípios desde já no seu negócio, independentemente do seu tamanho, setor ou grau de maturidade digital. Cada um dos próximos capítulos é um mergulho profundo em uma dessas letras – com exemplos reais, *frameworks* visuais, perguntas provocadoras e planos de ação concretos.

Se você chegou até aqui, é porque está pronto para trocar o retrovisor por um novo radar.

SE VOCÊ CHEGOU ATÉ AQUI, É PORQUE ESTÁ PRONTO PARA TROCAR O RETROVISOR POR UM NOVO RADAR.

O NOVO RADAR DOS NEGÓCIOS
@FABIO_NETO_

5

R DE RITMO: A VELOCIDADE COMO LINGUAGEM

Quando estive na sede da Temu, em Shenzhen, ouvi uma frase que não saiu mais da minha cabeça: "Nós não escalamos o que está perfeito, e sim o que é rápido". Aquilo soou como uma bofetada nos modelos mentais que ainda dominam boa parte das empresas brasileiras. Aqui, esperamos a versão ideal. Lá, escalam a versão possível – e melhoram ao longo do caminho.

Por isso, vamos falar agora de ritmo e reação imediata, nosso primeiro R do R.A.D.A.R. Viver em um novo tempo exige adaptação a um novo tempo de resposta. Enquanto muitos líderes ainda esperam pela próxima reunião do comitê, a realidade já mudou de lugar.

O que diferencia a China não é apenas tecnologia ou escala. É a sua cadência. Uma empresa chinesa é uma maratona feita de sprints diários, uma organização na qual as ideias saem do insight para o experimento em questão de dias – ou horas. E o mais impressionante: esse ritmo não é visto como um risco, e sim como proteção. Porque quanto mais rápido você testa, mais cedo descobre o que funciona – e mais cedo para de investir no que não funciona.

A própria Temu é o exemplo mais radical dessa velocidade nos últimos tempos. Em menos de doze meses, saiu do anonimato para se tornar o segundo maior e-commerce do Brasil. E como isso aconteceu? Com decisões rápidas, experimentação intensa e um mantra claro: lançar, medir, corrigir, escalar.

Nada de comitês. Nada de aprovações intermináveis. Eles testaram com "Unidades de Batalha": times pequenos, autônomos, com metas claras e liberdade para errar.

Toda essa nova lógica ficou chamada de *fast retail* (em tradução livre, varejo rápido). Para entender como as empresas chinesas conseguem essa velocidade impressionante, precisamos olhar para o primeiro pilar do tripé de sustentação desse mercado impressionante, o qual adiantei no capítulo anterior. Afinal, o sucesso do *fast retail* não veio da sorte nem da tecnologia – é resultado de um sistema integrado que funciona como um motor de alta performance.

MODELOS DE NEGÓCIOS INOVADORES

A China não se contentou em seguir as trilhas pavimentadas pelo Ocidente. Ela criou suas próprias rotas, muitas vezes mais eficientes e adaptadas à sua realidade e às necessidades de seus consumidores. Esses modelos, que à primeira vista podem parecer complexos, são na verdade manifestações de uma lógica de mercado profundamente pragmática e orientada para a eficiência e a conveniência do consumidor. Vamos desvendar alguns dos mais proeminentes.

C2M (*CONSUMER TO MANUFACTURER*): A VOZ DO CONSUMIDOR NA FÁBRICA

O modelo C2M, ou *Consumer to Manufacturer*, é praticamente sinônimo de personalização e eficiência. Ele inverte a lógica tradicional da cadeia de suprimentos, na qual a produção é ditada pela oferta; no C2M, a demanda do consumidor é o ponto de partida. Plataformas como Pinduoduo e Taobao (do Alibaba) conectam diretamente os consumidores às fábricas, eliminando intermediários e permitindo que os produtos sejam fabricados sob demanda, com base nas preferências e necessidades expressas pelos compradores. Isso resulta em preços mais baixos, maior personalização e menos desperdício.

Para ficar mais simples de entender, imagine que um grupo de consumidores deseja um tipo específico de tênis, com certas características e um design particular. Eles expressam essa demanda na plataforma C2M, que, então, agrega essa demanda e a repassa para as fábricas parceiras. A produção é iniciada apenas quando há um volume suficiente de pedidos, garantindo escala e reduzindo custos. O consumidor obtém um produto sob medida a um preço muito mais acessível, e a fábrica diminui os riscos de estoque e otimiza a produção. É a democratização da produção em massa, com o consumidor no centro.

O Pinduoduo, por exemplo, construiu seu império sobre o C2M e o *Community Group Buying*. Em 2023, o Pinduoduo superou o Alibaba em valor de mercado, um feito impensável há poucos anos, demonstrando o poder desse modelo. Empresas ocidentais, como a Nike e a Adidas, já estão experimentando modelos de produção mais flexíveis e orientados pela demanda, mas a escala e a profundidade do C2M chinês ainda são inigualáveis. É a fábrica ouvindo diretamente o desejo do cliente, sem ruídos ou intermediários.

O que está no cerne do C2M não é apenas preço baixo; é o poder que o consumidor adquire ao ditar o que será produzido. É a antítese da produção em massa tradicional, na qual as fábricas empurram produtos para o mercado. No C2M, a fábrica se curva à vontade do consumidor, o que gera não apenas economia, mas também um senso de pertencimento e cocriação. Para o consumidor, surge a satisfação de ter um produto feito sob medida, com suas especificações, a um custo acessível. Para a fábrica, as vantagens são a eliminação de riscos de estoque, a otimização da produção e a garantia de demanda. É um modelo que exige flexibilidade, agilidade e uma profunda compreensão das necessidades do consumidor. Empresas ocidentais que buscam personalizar produtos ou reduzir desperdícios podem aprender muito com a eficiência e a escala do C2M chinês.

Para aplicar na sua empresa

- Comece com pequenas linhas de produtos personalizados e os ofereça como coleções limitadas no e-commerce;
- Use pesquisa interativa nas redes sociais, com enquetes e perguntas abertas, para validar designs antes da produção;
- Estabeleça parcerias com pequenas fábricas locais que aceitem produzir em volumes reduzidos;
- Prepare um fluxo de pedido e produção por WhatsApp ou outro app de mensagens que seja popular com a sua base de clientes;
- Verifique se estão chegando clientes novos por meio da propaganda informal (boca a boca) e se os antigos voltam, pois esses serão seus indicadores de engajamento.

F2C (*FACTORY TO CONSUMER*): A PONTE DIRETA ENTRE PRODUÇÃO E CONSUMO

O F2C, ou *Factory to Consumer*, é um modelo que se assemelha ao C2M em sua busca por eficiência e velocidade, mas com uma nuance importante: aqui, a fábrica já possui um produto ou uma linha de produtos e busca vendê-los diretamente ao consumidor final, sem passar por atacadistas, distribuidores ou varejistas tradicionais. É o modelo que impulsiona grande parte do sucesso de plataformas como Shein e Temu, permitindo que elas ofereçam preços incrivelmente baixos.

Pense, por exemplo, em uma fábrica de roupas na China que produz uma grande quantidade de peças. Em vez de vendê-las para um atacadista que as revenderá para lojas, ela as listará diretamente em uma plataforma F2C. O consumidor irá, então, comprar diretamente da fábrica e receber o produto em casa. A economia gerada pela eliminação de várias camadas da cadeia de suprimentos é repassada ao consumidor, tornando o produto extremamente competitivo em preço.

Um caso modelo de dominância do F2C é a Temu, que chegou ao Brasil com uma agressividade impressionante. Sua proposta de valor é clara: produtos a preços inacreditáveis, entregues diretamente da fonte. Já no setor da moda, temos a Shein, que consegue lançar milhares de novos produtos por dia, testando o mercado e produzindo em massa apenas o que de fato agrada ao consumidor. Essa eficiência na cadeia de suprimentos e a capacidade de escalar rapidamente a produção do que é popular são os pilares do sucesso dessas empresas. Isso é F2C em sua essência, e uma das razões pelas quais o varejo tradicional ocidental se vê em xeque.

O F2C não é apenas um modelo de vendas; é um modelo de produção e distribuição que redefine a velocidade do mercado, pois leva um produto da linha de produção diretamente para as mãos do consumidor, eliminando todas as etapas intermediárias que adicionam custo e tempo. A capacidade de uma empresa F2C na China de identificar tendências em tempo real, produzir pequenas quantidades de novos designs, testar a demanda e escalar a produção em questão de dias é algo que o varejo ocidental ainda luta para replicar. Afinal, não se trata apenas de ter fábricas, mas sim de ter uma cadeia de suprimentos integrada, impulsionada por dados e inteligência artificial, que permite uma resposta quase instantânea às mudanças na demanda do consumidor.

Para aplicar na sua empresa

- Se a sua empresa já fabrica algum produto, está na hora de considerar vendê-lo diretamente ao consumidor;
- Use marketplaces que operam no Brasil (Mercado Livre, Shopee etc.);
- Mantenha um estoque inicial pequeno e replique conforme os dados de venda aumentarem;
- Desenvolva um sistema básico de feedback, como um formulário que o cliente pode responder em troca de descontos, e fique de olho nas avaliações das plataformas, para entender o que funciona e acelerar variantes.

UMA EMPRESA CHINESA É UMA MARATONA FEITA DE SPRINTS DIÁRIOS. É UMA ORGANIZAÇÃO NA QUAL AS IDEIAS SAEM DO INSIGHT PARA O EXPERIMENTO EM QUESTÃO DE DIAS – OU HORAS.

O NOVO RADAR DOS NEGÓCIOS
@FABIO_NETO_

O2O (*ON-LINE TO OFF-LINE*) E OMO (*ON-LINE MERGE OFF-LINE*): A FUSÃO DOS MUNDOS FÍSICO E DIGITAL

Os modelos O2O (*On-line to Off-line*) e OMO (*On-line Merge Off-line*) representam a superação da dicotomia entre o varejo físico e o digital. Na China, essa integração é tão profunda que a linha entre os dois mundos praticamente desapareceu. O O2O foca levar o consumidor do ambiente on-line para a loja física (e vice-versa), enquanto o OMO busca uma fusão completa, na qual a experiência de compra é fluida e contínua, combinando os aspectos do físico e do on-line.

No O2O, um consumidor pode pesquisar um produto on-line, encontrar uma oferta e ser direcionado para a loja física para finalizar a compra. Um exemplo de O2O seriam aplicativos de supermercados ou restaurantes onde o pedido é feito on-line, e o consumidor o retira na loja. No OMO, por outro lado, essa integração entre o on-line e o físico é mais completa: imagine um supermercado onde você possa escanear produtos com seu celular para ver informações detalhadas, pagar por aplicativo e ter a opção de receber sua compra em casa. As lojas físicas se tornam centros de experiência, coleta e logística, enquanto o on-line oferece conveniência e personalização. A tecnologia, como reconhecimento facial e inteligência artificial, é usada para criar uma experiência de compra hiperpersonalizada e sem atritos. O Alibaba, por exemplo, com sua rede de supermercados Hema (Freshippo), é um dos maiores expoentes do OMO. Nessas lojas, a experiência é totalmente digitalizada, desde o pagamento até a entrega em trinta minutos para quem mora próximo.

Para o varejo brasileiro, que ainda luta para integrar seus canais, e que ainda tem uma forte cultura de varejo físico, o OMO chinês é um vislumbre do futuro. A lição aqui é que o físico e o digital não são inimigos, mas aliados poderosos. A empresa que conseguir integrar esses mundos de maneira fluida e eficiente terá uma vantagem competitiva enorme, oferecendo ao consumidor a conveniência que ele já espera. O O2O e o OMO representam a visão chinesa de um varejo sem fronteiras, onde o físico e o digital se complementam e se fortalecem mutuamente.

Para aplicar na sua empresa

- Conecte e-commerce e loja física, oferecendo frete grátis com retirada na loja;
- Disponibilize QR Codes nas lojas com vídeos de produtos, reviews e informações de uso;
- Use WhatsApp Business para comunicação com os clientes, criando um canal para avisar sobre produtos novos e ofertas;
- Com o consentimento dos consumidores, registre os dados de compra para personalizar a comunicação, enviando, por exemplo, um lembrete de reabastecimento do produto comprado anteriormente.

COMMUNITY GROUP BUYING: O PODER DA COMPRA COLETIVA

Os modelos de *Community Group Buying* (compra em grupo por comunidade) exploram o poder da compra coletiva para oferecer preços ainda mais baixos. Embora o conceito de compra em grupo não seja novo, a China o elevou a um novo patamar, impulsionado por plataformas como Pinduoduo.

No *Community Group Buying*, um grupo de pessoas se une para comprar um produto em maior volume, obtendo descontos. Ele se baseia em líderes de comunidade (geralmente donas de casa ou pequenos comerciantes) que organizam grupos de compra em seus bairros ou condomínios. Esses líderes agregam os pedidos dos vizinhos, fazem um pedido em massa para a plataforma (ou diretamente para o produtor) e recebem os produtos em um ponto de coleta centralizado. Isso reduz drasticamente os custos de logística e marketing, e a economia é repassada aos consumidores.

O Pinduoduo, mencionado anteriormente, é o mestre do *Community Group Buying*. Sua ascensão meteórica é um testemunho do poder desse modelo, que atende a uma demanda por preços baixos e conveniência, especialmente em áreas menos urbanizadas. Para o varejo brasileiro, que busca formas de reduzir custos e alcançar novos mercados, o *Community Group Buying* oferece um caminho interessante. É uma forma de democratizar o acesso a produtos, ao mesmo tempo que cria laços comunitários e otimiza a cadeia de suprimentos. Ignorar esses modelos é ignorar uma fatia crescente do mercado e uma forma inovadora de engajar o consumidor.

Para aplicar na sua empresa

- Identifique microcomunidades, como condomínios ou grupos religiosos, com demanda recorrente dos itens que sua empresa produza;
- Recrute um "líder de grupo", alguém confiável e com boa comunicação;
- Monte grupos de WhatsApp para pedidos e combine datas fixas; anuncie economia e conveniência.

LIVE SHOPPING: O VAREJO COMO ESPETÁCULO INTERATIVO

O *live shopping*, ou *live commerce*, é a fusão perfeita entre entretenimento e comércio, transformando a compra em uma experiência interativa e imersiva. Originado na China, onde plataformas como Taobao Live e Douyin são gigantes, esse modelo permite que influenciadores, celebridades ou vendedores apresentem produtos em transmissões ao vivo, interagindo em tempo real com os espectadores, respondendo a perguntas e oferecendo promoções exclusivas. É a versão digital e turbinada das antigas televendas, mas com a autenticidade e o engajamento das redes sociais.

Uma influenciadora digital, por exemplo, inicia uma live no TikTok ou Kwai, mostra um produto, experimenta, explica seus benefícios, e os espectadores podem fazer perguntas, deixar comentários e, o mais importante, clicar em um link para comprar o item imediatamente, sem sair da transmissão. A urgência das ofertas por tempo limitado e a interação direta com o apresentador criam um senso de comunidade e escassez que impulsionam as vendas. É um espetáculo de vendas, no qual a emoção e a conveniência se encontram.

A LIÇÃO AQUI É QUE O FÍSICO E O DIGITAL NÃO SÃO INIMIGOS, MAS ALIADOS PODEROSOS.

O NOVO RADAR DOS NEGÓCIOS
@FABIO_NETO_

O *live shopping* já movimenta bilhões de dólares na China e está crescendo exponencialmente no Brasil, impulsionado por plataformas como TikTok Shop e Kwai Shop. O relatório do Santander que projeta que o TikTok Shop pode movimentar até 39 bilhões de reais em mercadorias até 2028 no Brasil é um testemunho do potencial desse modelo.[11] Para o varejo tradicional, o *live shopping* representa um desafio e uma oportunidade: desafio porque exige uma nova forma de se comunicar e vender; e oportunidade porque permite uma conexão mais profunda e autêntica com o consumidor. Empresas brasileiras que não explorarem esse método correm o risco de ficar para trás, perdendo a chance de engajar uma nova geração de consumidores que prefere comprar enquanto se diverte.

Nas nossas visitas à China, conhecemos o impressionante X27, um shopping gigantesco com quatrocentas lojas inteiramente dedicadas ao *live shopping*. Mesmo sem nenhum cliente nos pontos físicos, eles fecharam o primeiro semestre de 2024 somando cerca de 3,6 bilhões de reais em vendas.[12] Esse número excede e muito a performance de qualquer shopping brasileiro com altíssimo fluxo de pessoas. E um dado muito curioso chancela a estratégia: segundo o que a administradora do empreendimento me contou, quando a live é realizada dentro do ambiente de loja, converte 40% mais do que quando é feita em estúdio.

---

[11] TIKTOK Shop promete revolucionar o e-commerce brasileiro. **Empresas&Negócios**, 9 maio 2025. Disponível em: https://jornalempresasenegocios.com.br/wp-content/uploads/2025/05/jornal_ed-5334.pdf. Acesso em: 31 jul. 2025.

[12] CONHEÇA o shopping "fantasma" de sete andares e centenas de lojas que fatura bilhões na China. **IstoÉ Dinheiro**, 8 dez. 2024. Disponível em: https://istoedinheiro.com.br/conheca-o-shopping-fantasma-de-sete-andares-e-centenas-de-lojas-que-fatura-bilhoes-na-china. Acesso em: 31 jul. 2025.

Para aplicar na sua empresa

- Certifique-se de que seus produtos tenham apelo visual (como é o caso de cosméticos, acessórios e alimentos artesanais);
- Convide um influenciador local com comunidade engajada;
- Monte uma live pelo Instagram, TikTok ou Kwai, certificando-se de ter um ambiente agradável de filmagem e uma boa iluminação;
- Use cupons de tempo limitado e integração com links diretos para compra;
- Analise a taxa de conversão da live, verificando quantas visualizações resultaram em cliques e quantos cliques se tornaram vendas. A partir disso, refine mensagem, ritmo e ofertas.

A CULTURA DA EXPERIMENTAÇÃO

Como você deve ter reparado, deixei um resumo de como você pode implementar cada método de venda em sua empresa, criando uma cultura de velocidade e altas vendas. Mas como ter certeza de qual é o modelo ideal para você? A resposta está na experimentação. Em vez de tentar acertar imediatamente, aceite que vai errar várias vezes – mas erre rápido, não insista no que não dá certo.

Durante uma visita à ByteDance, dona do TikTok, eles fizeram questão de reforçar uma filosofia que aplicam diariamente: "Erre rápido, mas aprenda mais rápido". Eles lançam centenas de experimentos por mês, e a maioria falha; no entanto, os que funcionam compensam todos os fracassos.

A pergunta que fica é: o que o está impedindo de operar com esse nível de ritmo?

A primeira ação prática é revisar seus ciclos de decisão. O que hoje leva trinta dias poderia ser feito em menos? Quais decisões precisam mesmo de aprovação e quais podem ser delegadas com segurança?

O segundo ponto é revisar seus KPIs (*Key Performance Indicators*; em português, Indicadores-Chave de Desempenho). Se você mede só o que já foi entregue, está dirigindo com os olhos no retrovisor. Ritmo exige indicadores vivos: número de testes semanais, hipóteses validadas, ideias descartadas... Sim, ideias descartadas. Porque matar rápido o que não funciona é uma das chaves do ritmo inteligente. Projetos zumbis drenam energia, confundem o foco, consomem orçamento. Portanto, pense: o que você pode encerrar hoje? O que está parado por apego emocional, e não por valor estratégico?

Em conversa recente com uma rede varejista que atendi, descobrimos mais de catorze projetos em andamento que ninguém sabia exatamente por que ainda existiam. O medo de encerrar falhas é maior do que o desejo de liberar espaço para acertos futuros. Isso precisa mudar.

Outro aspecto crítico é a governança da experimentação. Se tudo precisa de aprovação central, o ritmo morre na burocracia. Mas se você cria trilhos claros, com escopo e orçamento pré-aprovados, libera o time para avançar com segurança.

Na China, isso é comum. Equipes têm orçamentos de aprendizado. São recursos que não necessitam de retorno imediato, e sim de aprendizado rápido. A métrica não é ROI (*Return on Investment*), é ROX: *Return on Experimentation*.

Nessa mesma visita à ByteDance, ouvi outra frase que usei depois com vários CEOs no Brasil: "Iteração rápida não é bagunça. É clareza". Clareza sobre o que se quer aprender, como medir isso e qual é o próximo passo. Este é o poder do ritmo: ele encurta a distância entre o cliente e a decisão. Tira os intermediários da interpretação e põe os dados na sala do time que pode agir.

Essa é a lógica do aprendizado estratégico: menos planos de cinco anos, mais ciclos de quinze dias. Menos comitê, mais célula. Menos "vamos pensar", mais "vamos testar". Você precisa organizar sua empresa para a velocidade. E isso significa repensar estruturas, processos e hierarquias.

Empresas brasileiras devem reeducar seus times para pensar com cadência. Isso começa na liderança. Um líder que exige perfeição mata a velocidade. Por outro lado, um líder que estimula hipóteses cria movimento. Assim, a nova régua de performance precisa incluir: "Quantos testes fizemos esta semana?", "O que aprendemos?", "O que descartamos?", "Quais sinais de cliente detectamos antes da concorrência?". Afinal, mudar o ritmo requer mudar a cultura. E cultura não se muda por decreto, mas por exemplo. Sendo assim, toda liderança precisa ser o primeiro experimento.

Durante uma reunião na Xiaomi, por exemplo, me impressionou o modo como eles organizam seus times. Cada produto tem uma equipe dedicada, com pessoas de diferentes áreas: engenharia, design, marketing, vendas. Eles trabalham juntos desde a concepção até o lançamento. Mas, no Brasil, ainda somos muito departamentalizados. Marketing faz uma coisa, engenharia faz outra, vendas faz outra, e um setor não se envolve diretamente com o outro. O resultado? Projetos que passam meses indo e voltando entre áreas, perdendo velocidade a cada troca.

A hierarquia também tem de ser repensada. Muitas decisões que hoje sobem até a diretoria poderiam ser tomadas por gerentes ou até mesmo analistas. Empoderar as pessoas certas acelera todo o processo.

MÉTRICAS QUE IMPORTAM

Para gerenciar velocidade, você precisa medir velocidade. E isso significa escolher as métricas certas. Não adianta medir apenas resultados finais – você precisa medir o processo.

Algumas das métricas que devem ser acompanhadas religiosamente são: quanto tempo sua equipe leva desde a ideia até o lançamento? Quanto tempo sua equipe leva para completar um ciclo de desenvolvimento, do briefing à entrega? E, por último, quanto tempo sua equipe leva desde o pedido do cliente até a entrega? Em um mundo de gratificação instantânea, essa métrica pode fazer a diferença entre ganhar e perder um cliente.

Mas cuidado: velocidade sem qualidade é apenas pressa. E pressa mata mais empresas do que lentidão. Velocidade sem critério vira correria. E correria gera desperdício. Afinal, ritmo inteligente exige intencionalidade. Você não testa tudo – testa o que responde a perguntas estratégicas claras.

As empresas chinesas entenderam isso. Elas são rápidas, mas não descuidadas. Cada experimento é bem planejado, cada teste é bem executado, cada lançamento é bem monitorado.

ESSA É A LÓGICA DO APRENDIZADO ESTRATÉGICO: MENOS PLANOS DE CINCO ANOS, MAIS CICLOS DE QUINZE DIAS.

O NOVO RADAR DOS NEGÓCIOS
@FABIO_NETO_

O futuro pertence aos rápidos.

O mundo está se acelerando. Os ciclos de inovação estão ficando mais curtos; as expectativas dos clientes, mais altas; e as janelas de oportunidade, menores. Velocidade não é vantagem competitiva – é questão de sobrevivência.

As empresas que entenderem isso primeiro terão uma vantagem significativa. Elas conseguirão capturar oportunidades antes dos concorrentes, responder a mudanças mais rapidamente e se adaptar a novos cenários com mais agilidade.

Mas velocidade não envolve apenas tecnologia ou processos; também envolve mentalidade. Para aceitar que o mundo mudou e que as regras antigas não funcionam mais. Para abraçar a incerteza e transformá-la em oportunidade.

Durante todas as minhas visitas à China, uma coisa ficou clara: eles não têm medo da velocidade. Eles a abraçam, a cultivam, a celebram. Para eles, velocidade não é estresse: é energia. Não é caos: é oportunidade.

E você? Sua empresa está preparada para a velocidade? Ou ainda está presa na lentidão do passado?

A escolha é sua. Mas lembre-se: enquanto você decide, seus concorrentes já estão agindo. E essa não é a hora de ser impulsivo ou descuidado, e sim de ser ágil, responsivo e adaptável. É hora de transformar velocidade em vantagem competitiva.

No final das contas, em um mundo que muda na velocidade da luz, quem não consegue acompanhar o ritmo simplesmente fica para trás. E, no mercado atual, ficar para trás pode significar ficar lá para sempre.

6

A DE ATRITO ZERO: POR QUE SEU CLIENTE VAI EMBORA SEM AVISAR

Ninguém acorda de manhã querendo usar um aplicativo. Ninguém quer "entrar no canal de atendimento". Ninguém quer procurar o botão de cancelar assinatura, ou ficar esperando uma mensagem que nunca chega. As pessoas querem resolver suas vidas. Ponto.

E o que acontece quando não conseguem? Elas não reclamam. Elas não pedem melhoria. Elas simplesmente vão embora.

Atrito é isso: tudo o que atrasa, complica, dificulta ou distancia o cliente do que ele quer resolver. Pode ser um clique a mais. Um prazo sem sentido. Um telefone que toca e não atende. Um processo feito para a empresa, e não para a pessoa.

E o mais perigoso é que o atrito, na maioria das vezes, é invisível para quem opera o sistema. Já virou hábito. Já foi normalizado.

Mas o cliente mudou. E o mundo também.

O consumidor de hoje não compara mais a sua experiência com a de concorrentes diretos. Ele compara com a fluidez do Pix, com a rapidez do WhatsApp, com o clique único da Amazon, com o algoritmo do TikTok

– talvez, em breve, também com a entrega em quinze minutos da Meituan. E se você não se atualiza, vira ruído.

Mas o que significa, de verdade, atrito zero no seu negócio?

Não é ter um app bonito. É remover todas as barreiras entre o desejo do cliente e a realização desse desejo. É uma obsessão por fluidez, clareza e simplicidade. É repensar todos os fluxos da empresa sob a ótica do cliente, e não da conveniência interna.

Seja sincero comigo: os seus processos são para facilitar a vida do cliente ou do gerente? O seu ERP é para facilitar a vida do cliente ou do gerente? O seu CRM funciona para antecipar os desejos do cliente ou para organizar a vida do gerente?

Nos últimos anos, em cada visita que fiz à China, o que mais me impressionou não foi a tecnologia, mas a forma como ela desaparece, como se integra no meio. Nos supermercados Hema, do Alibaba, o cliente nem percebe que está usando um sistema logístico hiperavançado, com IA de abastecimento, *picking* autônomo, algoritmos de sugestão de compra e pagamentos integrados. Ele apenas escolhe, paga e vai embora. Sem fila. Sem dúvida. Sem fricção.

O invisível é o novo luxo. E a fluidez virou diferencial competitivo. A grande questão é que a China entendeu isso antes de todo mundo. A lógica dos superapps de lá, por exemplo, como WeChat e Meituan, não é ter tudo em um lugar; é resolver tudo em um só fluxo. No WeChat, você pede comida, marca consulta, transfere dinheiro, assiste a vídeos, fala com seu time de trabalho, agenda reunião, compra presentes e paga o táxi – tudo isso sem trocar de tela. É um ecossistema funcional, em cujo centro está o usuário, e não a marca, o canal ou o produto. Já na Meituan, que chega agora ao Brasil com o nome Keeta, o nível de integração é tão absurdo que você pode agendar uma massagem, comprar um peixe fresco e pagar a conta do aluguel... em menos de cinco minutos. A plataforma conecta restaurantes, entregadores, serviços pessoais, cinemas e até manutenção de carros, tudo em poucos cliques.

Isso não acontece por mágica, mas por mentalidade: uma obsessão por tempo e energia do cliente.

Por aqui, o consumidor ainda perde tempo tentando entender se a loja é confiável, se o frete é justo, se o atendimento responde, se o site é verdadeiro. Ele precisa criar conta em cada app, lembrar mil senhas diferentes, preencher cadastro mil e uma vezes. E pior: quando tenta resolver algo, enfrenta burocracia, omissão ou robôs que mais confundem do que ajudam. Enquanto isso, as empresas chinesas oferecem experiências fluidas, sem engasgos. O mesmo login vale para tudo. A compra é rastreável em tempo real. O pagamento é instantâneo. O reembolso é automático. O cliente sente que manda, porque manda mesmo.

E foi pensando na experiência do consumidor que a Amazon ensinou ao mundo a importância de "remover cliques", e a Apple mostrou que a experiência do usuário é mais importante que o hardware. Mas a China levou isso ao extremo. Lá, o tempo do cliente é sagrado. Se o cliente não consegue usar sem pensar, a empresa muda. Se não é intuitivo, o fluxo é redesenhado. Só que isso exige uma mudança brutal na cultura das empresas. Exige abrir mão de controles desnecessários, processos herdados e políticas que protegem a ineficiência. Ter atrito zero exige coragem organizacional.

Durante uma das minhas visitas mais marcantes à sede do Alibaba, em Hangzhou, tive uma conversa que mudou minha percepção sobre ecossistemas digitais. Um dos executivos me disse algo que ficou gravado: "Nós não vendemos produtos. Nós resolvemos vidas". Essa frase resume perfeitamente a mentalidade por trás dos ecossistemas digitais chineses. Eles não pensam em categorias de produtos ou serviços isolados. Pensam em momentos da vida do consumidor e como podem tornar cada um desses momentos mais fluido, mais simples, mais integrado.

O Alipay, por exemplo, começou como uma solução de pagamento para o Taobao. Hoje, é um ecossistema completo onde você pode pagar contas, investir dinheiro, contratar seguro, alugar bicicleta, comprar passagem de trem, fazer check-in em hotel e até mesmo encontrar um parceiro romântico. Tudo isso sem sair do aplicativo, sem criar novas contas, sem repetir informações. A genialidade não está na tecnologia – está na compreensão de que o consumidor não quer gerenciar múltiplas relações digitais. Ele quer uma experiência contínua que se adapta às suas necessidades conforme elas surgem.

O INVISÍVEL É O NOVO LUXO. E A FLUIDEZ VIROU DIFERENCIAL COMPETITIVO.

O NOVO RADAR DOS NEGÓCIOS
@FABIO_NETO_

SUPERAPPS: QUANDO TUDO CONVERGE EM UM SÓ LUGAR

O tão famoso conceito de superapp vai muito além de ter várias funcionalidades em um aplicativo: envolve criar um ambiente digital onde o usuário pode viver sua vida digital completa sem precisar "sair" para resolver problemas. Usando o WeChat por meses na China, descobri que é possível verificar as notícias, pedir café da manhã, pagar o transporte, trabalhar (usando WeChat Work), almoçar com amigos, fazer compras, pagar contas, assistir a vídeos e conversar com a família – tudo dentro do mesmo ecossistema.

Mas o mais impressionante não é a quantidade de serviços. **É a fluidez entre eles.** Quando você está conversando com um amigo no WeChat e ele menciona um restaurante, é possível imediatamente ver o cardápio, fazer o pedido, dividir a conta e agendar a entrega sem interromper a conversa.

Essa integração profunda é possível porque os superapps chineses foram construídos com uma arquitetura de dados unificada desde o início. Cada interação alimenta o sistema como um todo, criando uma experiência cada vez mais personalizada e antecipada. E toda essa fluidez se reflete no conceito do OMO (*On-line Merge Off-line*), do qual falamos no capítulo anterior; afinal, é a integração real do físico com o on-line.

Durante uma visita a uma loja da Xiaomi em Xangai, vivi isso na prática. Entrei na loja física, testei um smartphone, usei o app da Xiaomi para ver especificações detalhadas, comparar com outros modelos, ler reviews de outros usuários, verificar a disponibilidade em outras cores, fazer o pagamento e escolher se queria levar na hora ou receber em casa. Tudo isso em menos de dez minutos, com a mesma conta, os mesmos dados, a mesma experiência.

O vendedor da loja não estava ali para "vender" – o objetivo era facilitar minha jornada. Ele tinha acesso ao mesmo sistema que eu, podia ver meu histórico de compras, minhas preferências, e até mesmo sugerir acessórios baseados no meu perfil de uso.

Essa é a essência do atrito zero: eliminar a separação artificial entre canais e criar uma experiência centrada no usuário, independentemente de onde ele esteja ou como prefira interagir.

EMPRESAS CHINESAS QUE REDEFINIRAM O ATRITO ZERO

HEMA (FRESHIPPO): O SUPERMERCADO DO FUTURO

O Hema, supermercado do Alibaba, talvez seja o caso mais radical de como eliminar atritos na experiência de compra. Durante minha visita a uma de suas unidades, descobri que eles reinventaram completamente o conceito de supermercado.

Primeiro, não existe caixa tradicional. Todo pagamento é feito por reconhecimento facial ou QR Code. Segundo, cada produto tem um código que, quando escaneado, mostra origem, data de produção, sugestões de preparo e até receitas. Terceiro, se você está na loja e vê um peixe vivo no aquário, pode pedir para prepararem na hora e entregarem na sua casa dali a trinta minutos.

Mas o mais impressionante é a integração com o ecossistema Alibaba. Suas compras no Hema alimentam o algoritmo do Taobao, influenciam as sugestões do Tmall e até mesmo impactam as ofertas que você recebe no Alipay. É um círculo virtuoso de dados que torna cada experiência mais relevante que a anterior.

JD.COM: LOGÍSTICA COMO ELIMINAÇÃO DE ATRITO

A JD.com transformou logística em vantagem competitiva por meio da eliminação sistemática de atritos. Seus armazéns totalmente automatizados conseguem processar pedidos em menos de onze minutos, da confirmação da compra até o produto estar na van de entrega.

Durante uma visita ao centro de distribuição da JD.com em Pequim, vi robôs trabalhando 24 horas por dia, sem pausas, sem erros, sem atrasos. Mas o mais impressionante não era a automação, e sim a integração com a experiência do cliente. Cada produto tem um chip que permite rastreamento em tempo real, previsão de entrega com precisão de minutos e até mesmo redirecionamento automático se o cliente mudar de endereço.

A JD entendeu que logística não é só uma questão de entregar produtos, mas principalmente de eliminar a ansiedade, a incerteza e a frustração que o cliente sente entre o momento da compra e o de recebimento do produto.

XIAOMI: ECOSSISTEMA CONECTADO SEM ATRITO

O ecossistema Xiaomi é um exemplo perfeito de como eliminar atritos por meio da integração. Com mais de quinhentos produtos conectados, eles criaram um ambiente onde tudo funciona junto, sem configuração complexa, incompatibilidades ou frustrações.

Durante uma demonstração no campus da Xiaomi em Pequim, vi como um aspirador robô, uma lâmpada inteligente, um aparelho de ar-condicionado e um smartphone se comunicam automaticamente para criar uma experiência doméstica fluida. Quando você chega em casa, o aspirador já limpou, o ar está purificado, a iluminação se ajustou ao seu humor, e a temperatura está ideal – tudo com base em seus padrões de uso.

O mais impressionante é que essa integração acontece de maneira invisível. O usuário não precisa ser um especialista em tecnologia. Ele apenas vive sua vida, e a tecnologia se adapta a ele.

OS DESAFIOS BRASILEIROS PARA ATRITO ZERO

Uma questão importante para se considerar ao tentar implementar os conceitos do atrito zero no Brasil é nossa infraestrutura digital fragmentada. Diferentemente da China, onde empresas como Tencent e Alibaba construíram ecossistemas integrados desde o início, no Brasil temos dezenas de sistemas que não conversam entre si: bancos usam um padrão, e-commerces usam outro, operadoras de telefonia usam um terceiro. O resultado é que o consumidor precisa gerenciar múltiplas identidades digitais, múltiplas senhas, múltiplos aplicativos para resolver problemas simples. A boa notícia é que iniciativas como o Pix e o Open Banking estão criando as bases para uma integração maior.

Mesmo assim, ainda há um longo caminho pela frente. Afinal, muitas empresas brasileiras ainda operam com mentalidade de controle em vez de mentalidade de fluidez. Elas querem controlar cada passo do cliente, cada interação, cada decisão. É uma barreira cultural do Brasil.

O problema é que essa mentalidade gera processos burocráticos, pedidos desnecessários de aprovação e políticas que protegem a empresa em detrimento da experiência do cliente. Para implementar atrito zero, é preciso inverter essa lógica: proteger a experiência do cliente, mesmo que isso signifique assumir alguns riscos operacionais.

Além disso, uma consequência direta da mentalidade de controle, como já mencionamos, é a departamentalização das empresas. O setor de marketing faz uma coisa, o de vendas faz outra, e o atendimento faz uma terceira. Um não interfere no trabalho do outro, bem como não sabe resolver problemas do outro. O resultado é uma experiência fragmentada, na qual o cliente precisa repetir informações, explicar contextos e navegar por processos desconexos quando precisa de ajuda.

Para implementar atrito zero, é essencial ter visão sistêmica, conectando os setores das empresas e enxergando-os como um todo em vez de parte por parte. Essa mentalidade exige que todas as áreas da empresa trabalhem juntas para criar uma experiência única e fluida. O resultado é fenomenal – porém, isso é mais difícil de implementar que qualquer tecnologia.

FERRAMENTAS PRÁTICAS PARA IMPLEMENTAR ATRITO ZERO

O primeiro passo para conseguir implementar o atrito zero em sua empresa é identificar onde está o problema. Onde é o gargalo do cliente? Onde ele está desistindo em silêncio? A jornada dele precisa ser mapeada para que possamos identificar as pedras no caminho.

Mapear a jornada do cliente é mais do que desenhar um "caminho bonito" com post-its coloridos. É uma cirurgia de precisão. Você tem de se infiltrar no cotidiano do seu cliente com olhos atentos, para descobrir em que ponto da jornada ele encontra fricção, desorientação ou redundância. Onde o cliente está cansando? Onde ele para? Onde ele tem que pensar? Onde ele sente que está preenchendo algo que você já deveria saber?

Faça um raio-X completo da jornada do primeiro contato até o pós-venda. Marque todos os pontos onde o cliente precisa: esperar demais, repetir informações, trocar de página e ler muitas vezes para entender.

Cada um desses é um pequeno ponto de fuga. E, juntos, eles formam uma hemorragia de conversão, reputação e confiança. A provocação é simples: quanto do atrito atual da jornada foi criado para proteger o conforto da sua empresa, e não a conveniência do seu cliente?

Outro modo para descobrir em que pontos estão esses gargalos envolve um exercício simples, que, na minha opinião, toda liderança deveria fazer trimestralmente: viver o papel de cliente da própria empresa. Crie uma identidade falsa. Navegue no seu site. Use o seu app. Ligue no SAC. Tente cancelar um serviço. Pergunte algo no chat. A experiência foi fluida ou humilhante?

Você vai se surpreender com o número de etapas, perguntas desnecessárias e respostas robóticas que não resolvem nada. Muitas vezes, quem desenha o processo não passa por ele, por isso não percebe que criou um labirinto, e não um atalho. Coloque os líderes para enfrentar essa jornada e, ao final, pergunte: vocês comprariam da própria empresa?

Ao fazer esse exercício, é provável que você esbarre em um dos maiores causadores de atrito das empresas: a incoerência entre canais. A loja física não sabe o que o cliente viu no e-commerce. O atendimento não tem o histórico da última interação no WhatsApp. O app não reconhece o mesmo CPF da loja on-line.

Isso destrói a percepção de continuidade. Para o cliente, parece que ele está começando do zero a cada interação. E isso é inadmissível em 2025.

Você não precisa trocar todos os seus sistemas legados da noite para o dia, mas deve criar uma camada de integração, um cérebro único que unifique visão, dados e decisões. Sem isso, sua empresa vai operar com múltiplas personalidades digitais – e nenhuma delas vai fazer sentido para o consumidor.

Unificação não é simplesmente um projeto de TI, é uma prioridade estratégica. Afinal, quando os dados não conversam, o cliente é quem paga o preço. E eu lhe garanto que ele vai pagar em outro lugar.

Agora, vamos supor que sua empresa passou pelo gargalo da unificação. Os atendentes da loja física estão familiarizados com o e-commerce, o cadastro do WhatsApp conversa com o do app próprio. Mas e o seu atendimento, como está? Se o seu cliente quiser ser atendido por um ser humano ao ligar para sua loja, ele consegue isso com facilidade ou precisa ficar decifrando mensagens robóticas?

Isso não é para dizer, claro, que nenhuma parte do seu atendimento deve ser automatizado. Um chatbot pode ser um herói se resolver rápido, com empatia e contexto. Mas pode ser um vilão se empurrar o cliente para um labirinto sem saída ou se repetir respostas vazias até o cliente desistir.

Leve consigo este mantra: automação é um bisturi, não um machado. Ou seja, ele serve para operar com precisão, não para cortar qualquer processo de uma vez. Automatize tarefas, não relações. Use IA generativa para agilizar o que é repetitivo, mas mantenha humanos no controle das situações que exigem sensibilidade e empatia. E o mais importante: treine o sistema com os dados certos. Não adianta automatizar um processo que já era ruim, pois assim você só vai escalar a frustração.

Agora, se você considera que seu sistema está automatizado na medida, então... onde está o atrito? Garanto que ele está em algum lugar. E é necessário que você o localize com precisão; caso contrário, tomará decisões com base em achismo – e isso, no jogo atual, é suicídio estratégico.

Há algumas métricas principais, além das já citadas, que você pode usar para definir um índice de fluidez dos processos da sua empresa. Por exemplo: o tempo médio entre intenção e conclusão de compra; a taxa de abandono por etapa do funil; o percentual de clientes que precisa trocar de canal para resolver algo; o número médio de cliques para finalizar um pedido; ou o nível de satisfação do cliente com a facilidade de uso do seu sistema (o que não deve ser confundido com o nível de satisfação geral!).

Faça dessas métricas guias para a liderança no geral. O CEO precisa saber onde o cliente está tropeçando. O CFO precisa saber o quanto custa cada etapa desnecessária. O CMO precisa entender onde o cliente some antes da conversão. Atrito se combate com transparência. Coloque os números na mesa e trate cada ponto de fricção como um incêndio a ser apagado, antes que consuma sua reputação.

Atrito zero não é uma tendência passageira. É a nova expectativa básica do consumidor. Empresas que não entenderem isso ficarão para trás, não por falta de produtos ou preços competitivos, mas por oferecerem experiências frustrantes em um mundo onde a fluidez se tornou commodity.

ATRITO SE COMBATE COM TRANSPARÊNCIA. COLOQUE OS NÚMEROS NA MESA E TRATE CADA PONTO DE FRICÇÃO COMO UM INCÊNDIO A SER APAGADO, ANTES QUE CONSUMA SUA REPUTAÇÃO.

O NOVO RADAR DOS NEGÓCIOS
@FABIO_NETO_

A China nos mostrou o caminho. Empresas como Meituan, Alibaba, Tencent e JD.com provaram que é possível criar experiências verdadeiramente fluidas, em que a tecnologia desaparece e o que resta é apenas a solução dos problemas do cliente.

A pergunta não é se sua empresa vai implementar atrito zero. A pergunta é se ela vai fazer isso antes ou depois dos concorrentes. Porque, no final das contas, o cliente sempre escolhe o caminho mais fácil. E se esse caminho não for o seu, será o da concorrência que for mais ágil.

No próximo capítulo, falaremos sobre o D de Dados e por que os algoritmos que hoje lhe mostram vídeos de gatinhos também podem antecipar o que seu cliente vai comprar antes mesmo de ele saber.

Porém, antes disso, deixo com você um checklist resumindo tudo que vimos aqui para ajudá-lo a eliminar os atritos no seu negócio.

Checklist: conquistando o atrito zero

- Mapeie os principais pontos de abandono dos clientes;
- Uma vez por trimestre, passe por todas as mesmas etapas percorridas por seu cliente, da compra à reclamação e ao cancelamento;
- Elimine cliques desnecessários e cadastros longos;
- Simplifique o cancelamento e o reembolso;
- Unifique linguagem, layout e bancos de dados entre canais;
- Dê poder real para o time de atendimento resolver sem burocracia;
- Automatize com responsabilidade: bots devem ajudar o trabalho humano, não eliminá-lo;
- Acompanhe as métricas para criar um "índice de fluidez" que guie as lideranças.

7

D DE DADOS: INTELIGÊNCIA ARTIFICIAL E ALGORITMO DE PERSONALIZAÇÃO SIGNIFICATIVA

Quer saber um dos grandes segredos da nova economia (e talvez um dos menos compreendidos pelos líderes brasileiros)? O que o prende no TikTok também pode vender seu produto. A tecnologia que prende sua atenção por horas vendo vídeos aparentemente aleatórios (o que, por sinal, será tema do próximo capítulo) é a mesma que, na China, impulsiona vendas bilionárias. E o que está por trás de tudo isso? Dados. E, mais especificamente, algoritmos capazes de transformar dados em personalização significativa.

Neste capítulo, vamos entrar fundo no pilar mais quente do R.A.D.A.R., o D de Dados, com foco em IA aplicada, algoritmos de recomendação, personalização de jornada e lógica de otimização AIO, como venho discutindo cada vez mais em eventos e imersões.

A PERSONALIZAÇÃO DEIXOU DE SER UM DIFERENCIAL

Durante muito tempo, a personalização foi vista como um "plus". Um gesto simpático, um detalhe atencioso, uma forma de surpreender o cliente. Era o e-mail com o nome no campo de saudação, a newsletter segmentada, a embalagem com uma mensagem carinhosa. Mas o jogo mudou. A personalização virou o mínimo aceitável. Ela não impressiona mais – porém a falta dela causa frustração.

Hoje, o consumidor espera que a empresa já o conheça, que não o trate como se fosse um estranho a cada novo contato, que não o faça preencher tudo de novo, que não recomende algo pelo qual ele nunca demonstrou interesse. **Personalizar é respeitar o tempo e o contexto do cliente**. E a IA, quando bem-aplicada, consegue fazer isso com uma precisão inalcançável por qualquer humano.

Plataformas como WeChat, Meituan, Douyin e JD.com não esperam o consumidor procurar algo: elas antecipam, recomendam com base no histórico de comportamento, na hora do dia, na localização, no clima e até no padrão de consumo da rede de contatos do cliente. É uma personalização profunda, quase preditiva, por meio da qual o cliente se sente compreendido sem precisar dizer nada. No Douyin, por exemplo, se você assiste a três vídeos sobre cuidados com a pele, a plataforma entende seu interesse e já oferece um conjunto de produtos, com reviews, desconto e entrega agendada – tudo sem que você precise buscar. Esse é o nível de personalização que fideliza, que transforma navegação em compra – e, mais importante, transforma compra em recorrência.

Mas vale destacar: essa personalização não é apenas estética. Ela afeta o preço, a disponibilidade de produtos e até a narrativa da marca. A Shein, por exemplo, mostra coleções diferentes para cada usuário. O que aparece para mim pode nunca aparecer para você. E mais: o preço dinâmico também muda, dependendo da frequência de compra, do horário e da localização. É uma vitrine viva, que se molda à jornada de cada cliente.

No Brasil, a personalização ainda é muito confundida com a segmentação. Segmentar é falar com um grupo. Personalizar é falar com o indivíduo.

E, para isso, é preciso um motor de dados ativo, em tempo real, capaz de ajustar as interações conforme o comportamento muda. A personalização eficaz não depende só de tecnologia, mas da cultura organizacional; de times dispostos a ouvir, interpretar e reagir, de líderes que abram mão do controle estático das campanhas e abracem a fluidez da comunicação adaptativa. Personalizar é sair do "plano de marketing" e entrar no "sistema de marketing", em que cada interação alimenta a próxima.

Há, porém, um ponto principal que você deve manter em mente: personalização é diferente de vigilância. O cliente aceita – e até valoriza – ser rastreado, desde que o resultado seja conveniência, agilidade e boas sugestões. O limite não está na coleta de dados, mas no uso respeitoso e útil dessas informações. Quando serve ao cliente, e não só à empresa, a personalização se torna bem-vinda.

Esse novo paradigma nos ensina que personalizar não é criar mais opções; é eliminar escolhas desnecessárias, reduzir ruídos e apresentar o que importa, na hora certa, do jeito certo. É transformar excesso de informação em clareza, que logo vira conversão.

Portanto, se você ainda trata personalização como um "detalhe charmoso" da jornada, está ficando para trás. O consumidor de hoje quer que você o entenda antes mesmo de ele precisar explicar. Quer sentir que a marca está atenta, mas sem ser invasiva. Quer comprar sem atrito e ser lembrado sem ser perseguido. Quem conseguir oferecer isso conquistará atenção e lealdade. Quem não conseguir... será apenas mais uma notificação ignorada.

IA NÃO CONSISTE EM ROBÔS, MAS EM EFICIÊNCIA OCULTA

Durante uma visita recente ao escritório da ByteDance, em Pequim, ouvi uma frase que me acompanha até hoje: "Nosso objetivo não é parecer inteligentes – é tornar a experiência tão fluida que ninguém perceba que há inteligência envolvida". Essa frase sintetiza perfeitamente a nova geração de inteligência artificial: menos espetáculo, mais eficácia invisível. A IA que de fato funciona é aquela que opera nos bastidores, silenciosa, mas decisiva.

A verdadeira força da IA não está em robôs com aparência futurista nem em avatares que imitam emoções humanas. Está no algoritmo que reduz um clique na jornada do cliente, no sistema que entende que você vai se atrasar e avisa a loja, no app que recomenda o produto certo no momento exato. É a eficiência oculta que torna a experiência tão fluida que o usuário mal percebe que está interagindo com tecnologia.

Nessa mesma visita, obtive acesso a dados interessantes e que compartilho com você agora. Na JD.com, por exemplo, 90% dos pedidos são processados por sistemas autônomos de inteligência artificial. Isso inclui previsão de demanda, roteirização de entregas e otimização de estoque. O resultado? Um pedido pode ser separado, embalado e enviado em menos de onze minutos, com percentual de erro de entrega inferior a 0,3%. O consumidor só vê a entrega rápida – mas é a IA que garante a perfeição logística.

Outro exemplo contundente é a Meituan. Seu sistema de IA analisa milhões de dados em tempo real – clima, localização de entregadores, trânsito, tipo de pedido, tempo médio de preparo por restaurante – para prever atrasos e recalibrar automaticamente as rotas. O cliente recebe seu pedido mais rápido, sem nunca saber que dezenas de variáveis foram reprocessadas entre o clique e a entrega.

A Huawei, por sua vez, aplica IA em sua linha de produção e na gestão da cadeia de suprimentos. Seu sistema inteligente de manufatura foi responsável por reduzir em 30% o tempo de fabricação de alguns dispositivos e por aumentar a taxa de acerto na previsão de demanda em mercados emergentes. O consumidor final só vê um produto no estoque – mas por trás há um motor invisível de eficiência operando 24 horas por dia.

No varejo, a Shein talvez seja o exemplo mais fascinante de como a IA se torna invisível ao consumidor. Seu sistema de "*Design to Data*" capta tendências em redes sociais e plataformas como TikTok, antecipa quais peças terão potencial e coloca novos produtos no ar em até três dias. Quando o cliente vê o vestido na tela inicial, acha que é coincidência – mas é a IA traduzindo o desejo coletivo em catálogo.

Essa capacidade de "prever sem parecer" é o que diferencia a IA chinesa. E, para mantê-la funcionando, há três características essenciais que identifiquei durante minhas visitas às principais empresas de tecnologia do país.

A primeira é um volume de dados gigantesco, sem precedentes. A China tem 1,4 bilhão de pessoas gerando dados digitais constantemente. Mas não é apenas quantidade. É qualidade e diversidade. Um usuário chinês médio usa entre oito e doze aplicativos por dia, todos conectados e compartilhando dados, alimentando o mesmo ecossistema.

No Alibaba, por exemplo, eles me mostraram como um único usuário pode gerar mais de 2 mil pontos de dados por dia apenas navegando no Taobao. Cada clique, cada pausa, cada produto visualizado, cada busca abandonada – tudo vira informação valiosa.

A segunda característica é, como conversamos no capítulo anterior, a integração total dos ecossistemas. Diferentemente do Ocidente, onde cada empresa guarda seus dados como um tesouro, na China os grandes *players* criaram ecossistemas integrados. O Tencent conecta WeChat, QQ, jogos, música e pagamentos. O Alibaba une e-commerce, logística, pagamentos e *cloud computing*. O ByteDance integra TikTok, Douyin, notícias e educação. Essa integração permite que os algoritmos tenham uma visão 360 graus do usuário. Não é apenas o que você compra, mas como você se comunica, ao que você assiste, aonde você vai, com quem você interage.

E, por último, como vimos no capítulo 5, a velocidade de implementação também é essencial aqui. Na China, o tempo entre desenvolver um algoritmo e colocá-lo em produção é medido em semanas, não em meses ou anos. Durante uma reunião na ByteDance, vi como eles testam mais de mil variações de algoritmo por dia no TikTok. Eles não esperam a perfeição; iteram em tempo real. Pois, no fim das contas, o cliente não quer saber de IA, mas de resultado. Quer ser atendido rápido, entender tudo sem esforço, resolver sua vida em poucos toques. E, para entregar isso, é preciso um sistema inteligente operando em silêncio, tornando a complexidade invisível. Implementar a IA não é para parecer moderno. É para ser eficiente, sem atrito, sem ruído, sem espetáculo.

AIO: A NOVA FRONTEIRA DA EFICIÊNCIA ESTRATÉGICA

Se a última década foi dominada por SEO (*Search Engine Optimization*, a prática de otimizar sites, produtos e conteúdos para aparecer nos primeiros resultados de mecanismos de busca, como o Google) e CRO (*Conversion Rate Optimization*, conjunto de técnicas para aumentar a quantidade de visitantes de uma página a tomarem determinada ação, como realizar uma compra), a próxima década será moldada por AIO (*Artificial Intelligence Optimization*, a otimização para assistentes inteligentes).

Enquanto SEO e CRO otimizam partes do funil de aquisição, AIO otimiza a empresa como um todo, do preço ao produto, da jornada à logística, da segmentação ao *storytelling*. É uma engrenagem invisível que ajusta milhares de variáveis em tempo real para maximizar valor, experiência e margem. Diferentemente de muitos modismos tecnológicos, AIO não é uma área isolada, mas sim transversal. E isso se baseia no comportamento do consumidor: antes ele digitava no Google "melhor smartphone até 3 mil reais" ou "qual é o tênis mais confortável para corrida"; agora ele pergunta diretamente para ChatGPT, Manus, Perplexity, Deepseek, Grok, Copilot etc., e espera uma resposta resumida, já filtrada, já selecionada.

Isso altera profundamente a dinâmica do jogo: não estamos mais competindo por posição em listas de links, mas por relevância na resposta única gerada por uma IA. Na prática, funciona assim: o consumidor quer comprar uma jaqueta impermeável para trilha e pergunta ao ChatGPT. Ele não quer dezenas de links; quer receber a recomendação de duas ou três marcas e saber qual marketplace tem os melhores preços para jaquetas naquela semana.

Quem aparece na resposta? Não é apenas quem investiu em SEO clássico; é quem aparece nos corpos de dados usados pela IA, quem está bem indexado em fontes confiáveis, quem mantém reputação de marca, reviews positivos, comparativos atualizados e, mais importante, conteúdo estruturado para alimentar modelos de linguagem.

O Brasil está virando terreno fértil para o uso de assistentes inteligentes, tanto por consumidores quanto por profissionais de compra, pequenos negócios e influenciadores. Quando o público brasileiro (que já adora atalhos digitais) passar a confiar nas recomendações de IA de modo mais abrangente, quem não estiver otimizado vai simplesmente sumir do radar.

No contexto do avanço chinês no e-commerce, isso é ainda mais crítico: marcas como Temu, Shein e AliExpress já operam com algoritmos sofisticados e podem ser rápidas em adaptar seus dados para alimentar IAs. *Players* locais e regionais precisam acelerar o ritmo para não serem jogados para escanteio – não apenas no Google, mas também nas recomendações das inteligências artificiais.

A grande diferença entre usar IA pontualmente e operar com mentalidade AIO está na intencionalidade estratégica. AIO não é instalar um chatbot: é treinar o seu algoritmo de precificação com dados de navegação; conectar o estoque com o comportamento de busca; usar a IA para decidir o que lançar, quando lançar, para quem lançar e como comunicar. A cada clique, o sistema aprende. E a cada aprendizado, ele executa melhor.

Na Shein, por exemplo, o AIO é praticamente o cérebro da operação. A empresa não lança coleções com base em tendências macro. Ela lança milhares de produtos por semana, observa os padrões de compra, devolução, curtida e compartilhamento, e redireciona o investimento para as peças com maior tração, descontinuando o que não dá retorno. AIO aqui é dar voz ao feeling, só que com dados, não com achismo.

A mesma lógica aparece no TikTok Shop, em que a recomendação de produtos já é feita com base em uma combinação de comportamento de consumo e padrão de visualização de vídeos. O sistema não só identifica o que você quer ver; ele identifica o que você *vai querer comprar*. Isso é AIO aplicado à intersecção entre mídia e varejo, conteúdo e conversão: é uma engrenagem invisível que coordena a operação com inteligência.

Agora pense comigo: quantas decisões no seu negócio são tomadas com base em dados vivos? Quantas jornadas estão sendo otimizadas em tempo real? Quantos produtos foram testados e descontinuados com base em sinais reais de consumo? Se a resposta for "poucos", isso significa que o AIO ainda não virou seu aliado estratégico. E se você não colocar a IA para pensar com você, seus concorrentes colocarão.

ISSO É AIO APLICADO À INTERSECÇÃO ENTRE MÍDIA E VAREJO, CONTEÚDO E CONVERSÃO: É UMA ENGRENAGEM INVISÍVEL QUE COORDENA A OPERAÇÃO COM INTELIGÊNCIA.

O NOVO RADAR DOS NEGÓCIOS
@FABIO_NETO_

A boa notícia é que o AIO não exige um parque tecnológico de bilhões. Basta ter inteligência aplicada e mentalidade de aprendizado constante. É possível começar com dados de comportamento do seu e-commerce, com automações simples no CRM, com testes A/B nos canais de mídia. O importante é começar. Porque a empresa que primeiro otimizar o seu sistema com base em IA vai dominar o jogo antes mesmo que os outros percebam a mudança de regra.

A INTELIGÊNCIA DO ALGORITMO É A NOVA FORÇA DE VENDAS

Você já reparou como o TikTok lhe mostra vídeos que você nem sabia que queria ver? Isso não é coincidência. É o resultado de uma engenharia algorítmica obsessiva que transformou o *feed* de vídeos em um radar emocional. E esse radar aprendeu a vender.

O Douyin, versão chinesa do TikTok, é hoje o maior canal de vendas da ByteDance. Em 2023, movimentou mais de 200 bilhões de dólares em volume bruto de mercadorias, superando grandes plataformas de e-commerce tradicionais na China. E o mais impressionante: essas vendas não vêm de buscas ativas, mas de descobertas passivas. O consumidor não entra para procurar – ele é surpreendido com o que deseja, mesmo sem saber.

Esse novo modelo está redefinindo o que entendemos por "força de vendas". O algoritmo não apenas recomenda produtos: ele antecipa desejos, testa abordagens em tempo real, personaliza a forma de apresentar cada item e otimiza a taxa de conversão a cada segundo, com base em reações microemocionais como tempo de visualização, pausa ou replay.

Na prática, a ByteDance criou um vendedor digital que não cansa, não precisa de comissão e não comete erros, porque aprende continuamente. E o mais incrível: ele não empurra o que a marca quer vender. Ele entrega o que o usuário quer comprar, da forma que ele deseja, no momento mais propício. Esse é o "impulso guiado" que tem redefinido o *social commerce* na China.

As empresas brasileiras ainda estão longe de operar com esse nível de sofisticação. A maioria ainda investe em campanhas de massa, usando dados genéricos para impulsionar ofertas padronizadas. Enquanto isso, plataformas como TikTok Shop, Kwai Shop e Instagram Reels estão começando a se tornar vitrines comportamentais. E quem entender primeiro como transformar esses canais em "forças de vendas preditivas" vai tomar a frente na corrida, e com vantagem.

No Brasil, a realidade é que 53% dos consumidores fazem compras por impulso às vezes – e 9% admitem que só compram por impulso![13] Isso muda completamente a lógica da jornada do consumidor: o funil se inverte. Primeiro vem a atenção, depois o desejo, e só então a necessidade. Essa é a virada que o algoritmo chinês nos ensina: não se trata de empurrar produto para quem busca, mas de colocar o produto certo na frente da pessoa certa, no momento exato, antes mesmo de ela expressar o desejo. Para isso, o segredo está nos dados comportamentais e na capacidade de transformar microinterações em gatilhos de recomendação.

A lição para as marcas brasileiras é clara: o algoritmo pode – e deve – ser tratado como um aliado estratégico de vendas. Isso exige deixar de ver o digital como "canal de mídia" e passar a vê-lo como "campo de observação e predição". Cada clique, cada visualização e cada abandono de carrinho carrega um sinal. E quem souber ler esses sinais não venderá apenas *mais*, venderá *melhor*. Os melhores líderes que conheci nos últimos anos são obcecados por dados, mas não são escravos de *dashboards*. Eles usam os dados para refinar sua intuição, para entender padrões que olhos humanos não enxergam. E, acima de tudo, para antecipar o que ninguém mais viu.

Fato é que os algoritmos e o AIO estão cada vez mais presentes nas decisões de compra dos seus clientes. A pergunta não é se você vai usá-los, mas quando e como. Porque, em um mundo onde a atenção é escassa e a competição é brutal, vender para quem já demonstrou intenção é luxo. Mas vender para quem ainda nem sabe que quer comprar... isso é poder.

---

[13] BARBOSA, M. Mais da metade dos consumidores admitem que fazem compras por impulso na internet, aponta estudo CNDL/SPC Brasil. **Varejo S.A.**, 19 dez. 2024. Disponível em: https://cndl.org.br/varejosa/mais-da-metade-dos-consumidores-admitem-que-fazem-compras-por-impulso-na-internet-aponta-estudo-cndl-spc-brasil/. Acesso em: 1º ago. 2025.

8

A DE ATENÇÃO: EXPERIÊNCIA SOCIAL E GAMIFICADA

Existe um momento em que você percebe que não está mais usando um aplicativo: é o aplicativo que está usando você.

Foi o que senti na primeira vez que passei uma tarde inteira no Douyin durante uma visita a Pequim. Eram 14h quando abri o aplicativo "só para dar uma olhada rápida". Quando finalmente consegui parar, já eram 17h30. Três horas e meia haviam desaparecido como se fossem cinco minutos.

Mas o mais perturbador não foi o tempo perdido. Foi perceber que, durante essas três horas, eu havia sido completamente capturado por uma máquina de atenção tão sofisticada que eu nem percebi estar sendo manipulado. Cada vídeo era perfeitamente calibrado para manter meus olhos grudados na tela. Cada transição era projetada para eliminar qualquer momento de reflexão que pudesse me fazer parar.

A conclusão é clara: se antes o ativo mais valioso de uma empresa era o capital, hoje é a atenção. E não qualquer atenção: é a atenção qualificada, contínua e engajada. A atenção é o passo mais importante para qualquer resultado. Vender, educar, influenciar... tudo só tem sentido se antes você for notado.

Essa afirmação pode parecer óbvia, mas é ignorada pela maioria das empresas. Ainda há quem acredite que uma boa oferta, um bom produto ou uma campanha bem-feita bastam. Não bastam. No mundo atual, a escassez não é de opções, é de foco. Os consumidores têm tudo à disposição, o que falta é atenção disponível para absorver qualquer coisa. E aí está o novo jogo.

Segundo um estudo da Nielsen, os consumidores recebem, em média, 10 mil a 100 mil estímulos de marca por dia.[14] Isso significa que seu post, seu anúncio, seu vídeo ou sua vitrine digital está lutando por um milésimo de segundo de reconhecimento em meio a um mar de notificações, dancinhas, memes, e-mails e ofertas. É quase um campo de batalha invisível e silencioso.

Hoje, a economia da atenção global movimenta cerca de 600 bilhões de dólares por ano.[15] Mas esses números não contam a história completa. A verdadeira revolução não está no tamanho do mercado, mas na sofisticação das técnicas usadas para capturar e manter atenção.

Entretanto, antes de entendermos como tudo isso funciona, precisamos compreender a crise global que criamos.

A luta por atenção do consumidor, por exemplo, fez com que hoje as pessoas consigam manter a atenção em um único vídeo, em média, por 45 segundos – uma métrica muito abaixo da média de 150 segundos em 2004.[16] Essa falta de foco foi apelidada, em 2011, de "cérebro pipoca", retratando a tendência de a nossa atenção saltar rapidamente de uma coisa para

---

[14] ABBRUZZESE, K. 80 Branding Statistics Every Business Owner and Marketing Leader Needs to Know in 2024. **Aesthetic**, 28 mar. 2024. Disponível em: https://aestudio.au/80-branding-statistics-every-business-owner-and-marketing-leader-needs-to-know-in-2024. Acesso em: 1º ago. 2025.

[15] AKKAYA, F. The Attention Economy — How Your Focus Became a Commodity. **Medium**, 30 jun. 2025. Disponível em: https://medium.com/@fatih.akkaya/the-attention-economy-how-your-focus-became-a-commodity-1cba72616322. Acesso em: 1º ago. 2025.

[16] MOULTON, C. Squirrel! Why Attention Spans Seem to Be Shrinking and What We Can Do About It. **Northeastern Global News**, 23 jan. 2024. Disponível em: https://news.northeastern.edu/2024/01/23/decreasing-attention-span/. Acesso em: 1º ago. 2025.

outra, como grãos de milho estourando.[17] E não é para menos: no Brasil, passamos cerca de cinco horas por dia no celular,[18] e quase 40% das pessoas não conseguem passar uma hora sequer longe dele.[19]

Nesse cenário, empresas que não entenderem como capturar e manter a atenção simplesmente desaparecerão do radar do consumidor. E atenção não é algo que se compra, é algo que se conquista. Mesmo que você pague por alcance ou tráfego, o que importa no final é se conseguiu ou não *reter* esse olhar. Se conseguiu ou não transformar curiosidade em conexão.

É por isso que toda empresa moderna precisa se enxergar como uma Máquina de Atenção: um sistema vivo, capaz de gerar interesse, nutrir relacionamento e converter presença em preferência.

As plataformas chinesas já operam assim há anos. Elas não anunciam para vender. Elas constroem relevância para que o cliente queira comprar de maneira espontânea e constante. Repare no que fazem WeChat, Douyin, Meituan e Pinduoduo. Elas se comportam como plataformas de entretenimento, relacionamento e utilidade, e, só depois disso, como canais de compra. A venda é consequência causada pela atenção conquistada. O fluxo é reverso: primeiro a experiência, depois o engajamento, só então a transação. E essa inversão de lógica muda tudo.

No Ocidente, ainda operamos como se o funil fosse controlável. Acreditamos que podemos interromper o usuário, convencê-lo com uma oferta, empurrá-lo para a decisão. Mas o novo consumidor, moldado por plataformas inteligentes e experiências agradáveis, rejeita interrupções e

---

[17] SOUSA, D. "Cérebro pipoca": como a mídia social pode estar matando sua capacidade de atenção. **IstoÉ**, 19 fev. 2024. Disponível em: https://istoe.com.br/cerebro-pipoca-como-a-midia-social-pode-estar-matando-sua-capacidade-de-atencao. Acesso em: 1º ago. 2025.

[18] NOGUEIRA, P. Brasileiro passa mais de 5 horas por dia usando celular, diz relatório. **Giz Brasil**, 13 jan. 2024. Disponível em: https://gizmodo.uol.com.br/brasileiro-passa-mais-de-5-horas-por-dia-usando-celular-diz-relatorio/. Acesso em: 1º ago. 2025.

[19] QUASE 40% dos brasileiros dizem não conseguir ficar uma hora sem o celular. 2025. Vídeo (46s). Publicado pelo canal Record News. Disponível em: www.youtube.com/watch?v=V2oag2N2Zl0. Acesso em: 1º ago. 2025.

premia conexões. Ele quer descobrir, não ser empurrado. Quer explorar, não ser perseguido.

E esse é o ponto: se a atenção virou a nova moeda dos negócios, então, como toda moeda, ela precisa ser investida com sabedoria. O consumidor não vai gastar sua atenção em algo que não entrega valor imediato. E muito menos vai repetir essa atenção se a experiência não tiver continuidade. A era do clique único acabou. Entramos na era da atenção recorrente, que se constrói com estratégia, não com sorte. Ela exige narrativas consistentes, formatos envolventes, canais bem-utilizados e, principalmente, um respeito profundo pelo tempo do cliente. Porque quem domina o tempo domina a mente. E quem domina a mente ganha espaço no coração e no bolso.

Portanto, esqueça a pergunta "Como posso vender mais?" por um instante e comece a se perguntar "Como posso capturar e manter a atenção do meu cliente todos os dias?". Essa é a pergunta certa para o novo jogo. Porque, no mercado atual, quem não aprende a competir por atenção já perdeu. E perdeu em silêncio.

PRIMEIRO A CONEXÃO

Existe uma diferença sutil – mas absolutamente transformadora – na maneira como plataformas ocidentais e orientais constroem relacionamento com seus usuários. A maioria das plataformas que usamos no Brasil e no Ocidente nasceu da transação: Amazon, Mercado Livre, Magalu, Americanas... todas essas empresas iniciaram sua relação com o consumidor a partir da compra. A lógica era simples: você precisa de algo, entra no site, busca, compara e compra. Só depois elas tentaram aprofundar a conexão por meio de entretenimento, programas de fidelidade ou avatares simpáticos.

Foi assim que surgiram iniciativas como o Prime Video (Amazon), Meli+ e MeliPlay (Mercado Livre) e a Lu do Magalu (Magazine Luiza). São tentativas legítimas, e muitas vezes bem-sucedidas, de adicionar uma camada relacional e emocional sobre uma base transacional. Mas o ponto crítico é: o relacionamento veio depois da primeira compra.

QUEM DOMINA O TEMPO DOMINA A MENTE. E QUEM DOMINA A MENTE GANHA ESPAÇO NO CORAÇÃO E NO BOLSO.

O NOVO RADAR DOS NEGÓCIOS
@FABIO_NETO_

Na China, essa lógica foi completamente invertida. Plataformas como Douyin, a versão chinesa e original do TikTok; Kuaishou, o Kwai; e o Xiaohongshu, também conhecido como REDNote, começaram pela relação. A primeira interação com o usuário não foi uma oferta de produto, mas um vídeo divertido, um conteúdo informativo, um momento de riso ou inspiração. A compra não era o objetivo final, mas sim a consequência natural de uma atenção conquistada com consistência.

É o que chamo de "Conexão antes do Comércio" (*Social First*). Antes de pedir algo do usuário, essas plataformas oferecem valor, conteúdo, conexão, entretenimento. E, ao fazerem isso, criam uma base de confiança e reciprocidade que, mais tarde, pode ser convertida em desejo de compra. A transação deixa de ser o começo da relação e passa a ser o desdobramento dela.

Os dados confirmam esse movimento. Em 2023, o Douyin movimentou 374 bilhões de dólares em GMV (*Gross Merchandise Volume*) com vendas diretas dentro da plataforma – um crescimento impressionante que o posiciona como o quarto maior marketplace da China.[20] E o mais impressionante: essas vendas não vieram de buscas por produtos. Vieram de vídeos, lives, recomendações e momentos de descoberta emocional.

Esse é o modelo chamado na China de "Impulso Guiado". Você está navegando, distraído, sem intenção de comprar. Mas a plataforma conhece você. Ela entende o seu humor, seus interesses, seu estilo de vida. E, em vez de forçar um anúncio, ela insere organicamente um produto dentro da sua experiência. Você vê um vídeo de alguém testando uma panela, se encanta, entende o valor, confia e compra com um clique. Sem buscar. Sem pensar. Apenas sentindo.

[20] DOUYIN E-Commerce GMV Grows 46%. **Jing Daily**, 11 set. 2024. Disponível em: https://jingdaily.com/intels/2024-09/11/douyin-e-commerce-gmv-grows-46. Acesso em: 11 ago. 2025.

É o mesmo princípio usado por plataformas como Kwai, que, no Brasil, já conta com mais de 60 milhões de usuários ativos[21] e começa a introduzir o Kwai Shop, com foco em vendas guiadas por *creators* e influenciadores. É uma revolução que está acontecendo diante dos nossos olhos: um novo funil de vendas que começa na atenção, passa pela conexão e só depois gera a conversão.

A questão é que se trata de uma mudança de lógica não apenas tática, mas principalmente estrutural, pois implica repensar como construímos marcas, como desenhamos canais e como medimos sucesso. Na lógica tradicional, o sucesso é medido por taxa de conversão. Na nova lógica, sucesso é tempo de retenção, taxa de engajamento, tempo médio de visualização; pois, lembre-se: a atenção é o novo produto.

E aqui está o alerta: as empresas brasileiras que continuarem operando sob a lógica antiga, esperando o cliente buscar, comparar, decidir e converter, vão parecer lentas, frias e irrelevantes. Enquanto isso, as marcas que souberem criar experiências sociais, conteúdos engajantes e comunidades ativas estarão sempre um passo à frente.

Portanto, se antes dizíamos que "quem tem atenção tem poder", agora podemos dizer que quem sabe transformar atenção em contexto e contexto em desejo domina o novo jogo. As plataformas sociais deixaram de ser ferramentas apenas de marketing para se tornarem meio de distribuição, canal de venda e mecanismo de fidelização.

E, para tirar proveito máximo dessas plataformas, é preciso trazer à mesa o terceiro pilar de sustentação da supremacia chinesa: o Guanxi, um conceito poderosíssimo da cultura de negócios chinesa, porém muito malcompreendido.

Guanxi não é só "relacionamento". É relacionamento com profundidade, com história, com contexto e com confiança construída no tempo. Trata-se de uma espécie de capital social invisível, que permeia toda

---

[21] LOPES, A. Depois de investir R$ 7 bilhões no Brasil, a chinesa Kwai tem novos planos para o país. **Exame**, 16 abr. 2024. Disponível em: https://exame.com/tecnologia/kwai-brasil-investimento-ji-cheng/. Acesso em: 1º ago. 2025.

interação entre marcas, pessoas, fornecedores e comunidades. E quando falamos de atenção no século XXI, não estamos falando de alcance, mas de vínculo. E vínculo, para os chineses, é Guanxi em sua essência.

Enquanto o Ocidente ainda opera com modelos de marketing baseados em métricas como custo por impressão, total de impressões e custo de aquisição do cliente, a China entendeu que atenção verdadeira não se mede apenas por visualização, mas pela capacidade de gerar continuidade, reciprocidade e pertencimento. O cliente não é um clique. É uma relação.

Quando uma plataforma como o Douyin sugere uma receita nova de tofu porque percebeu que você assistiu a três vídeos vegetarianos na última semana, isso não é algoritmo. Isso é Guanxi digital. Quando o Meituan lhe envia um voucher de cinema às 19h de sexta-feira porque sabe que você costuma sair com sua esposa nesse horário – isso é Guanxi aplicado. É atenção com contexto. É relação em forma de sugestão.

Guanxi não acontece por anúncios. Guanxi acontece por convivência. Ele nasce da repetição cuidadosa, do acerto reiterado, da sensação de que "essa marca me conhece e me respeita". E esse é o novo padrão para construir marcas no mundo digital. Você não disputa atenção, cultiva presença.

Ao contrário do funil linear do Ocidente, atrair → converter → fidelizar, a China opera um ciclo de relacionamento contínuo. Não há começo, meio e fim. Há convivência e um histórico compartilhado. E esse histórico é cuidadosamente nutrido com dados, algoritmos e interações microplanejadas, como se cada cliente fosse um universo em movimento.

E aqui está o ponto mais provocativo: quanto tempo sua empresa leva para construir esse tipo de relação com alguém? Você tem uma operação que permite isso? Ou está apenas tentando empurrar produtos com mídia paga?

Guanxi exige algo que poucos negócios estão dispostos a oferecer: tempo, contexto e reciprocidade. Mas a recompensa é incomparável, visto que, no mundo da escassez de atenção, quem constrói relação duradoura reina sobre quem só compra alcance momentâneo.

A pergunta final que fica é: sua empresa está tentando capturar cliques ou construir vínculos?

COMO CONSTRUIR SUA MÁQUINA DE ATENÇÃO

Considerando o que discutimos neste capítulo, espero que tenha ficado claro que, a fim de realmente impulsionar o seu negócio, você deve transformá-lo em algo capaz de se destacar nas mídias consumidas pelo seu público-alvo, prendendo o foco dele, conectando-se com ele. Você precisa que seu negócio seja o que eu chamo de "Máquina de Atenção", sempre gerando mais e mais engajamento para sua marca.

E, para ajudá-lo a construir sua própria Máquina de Atenção, trouxe cinco pontos aos quais você deve se atentar.

1. CRIE UM CICLO DE CONTEÚDO PROPRIETÁRIO

A sua marca precisa parar de pedir atenção emprestada e começar a construir atenção própria. Pagar por anúncios é como alugar um quarto de hotel: você ocupa apenas enquanto paga. Já criar conteúdo é como construir uma casa: exige mais esforço, mas é sua, gera valor a longo prazo e vira ativo estratégico.

Na prática, é como se sua empresa fosse um pequeno canal de mídia. Só que, atenção: não se trata de publicar qualquer coisa todo dia, e sim de criar conteúdos recorrentes que o público quer consumir porque enxergam valor real. Vídeos com dicas práticas, podcasts com bastidores, newsletters com curadoria de mercado, lives com seus especialistas. Tudo isso cria hábito. E se a sua marca ainda trata conteúdo como "algo que o marketing faz quando sobra tempo", saiba que você está jogando fora o ativo mais importante da nova economia: a atenção do seu cliente.

2. APOSTE EM MICROINFLUENCIADORES

Você não precisa de uma celebridade com 3 milhões de seguidores, mas sim de pessoas com poucos seguidores que realmente confiam nelas. Essa é a lógica do *Community Group Buying*, a respeito do qual já conversamos. Ele ainda está engatinhando no Brasil, o que significa que esse é o melhor momento para que você invista nele.

A estratégia é simples: em vez de gastar milhões em mídia de massa, invista em formadores de opinião locais, com vínculo emocional e proximidade com sua base. Pode ser uma mãe que organiza o grupo que se encontra na porta da escola, um personal trainer de bairro, um pequeno empreendedor digital ou até o dono da banca de frutas que viralizou no Kwai.

Na prática, essas pessoas se tornam "capitães de atenção". Elas não têm números altos, mas têm relação real, autoridade prática, escuta ativa. E quando indicam um produto ou serviço, geram muito mais impacto do que um post patrocinado com 100 mil curtidas.

O Pinduoduo construiu seu império assim: não com celebridades, mas com confiança distribuída. A Shein está replicando o modelo com suas embaixadoras de nicho em regiões do Brasil. E a Meituan usa motoristas, entregadores e clientes frequentes como influenciadores locais, com vouchers e benefícios vinculados ao engajamento.

A lição é simples: o cerne da influência não está nos números; está na confiança. E confiança se constrói na base, não na vitrine.

3. GAMIFIQUE A EXPERIÊNCIA DO SEU PÚBLICO

A atenção adora um jogo. O cérebro humano é movido por recompensa, progresso e pertencimento. Por isso, uma das maneiras mais poderosas de manter o cliente engajado é transformar a sua jornada em um jogo – com regras claras, metas visíveis e vitórias recorrentes.

Na prática, isso pode significar implementar ranking de usuários, programas de pontos, missões diárias, emblemas de conquistas, rodas da sorte, desafios de tempo limitado. O objetivo é fazer com que o cliente volte porque está se divertindo, não apenas porque precisa comprar algo.

Na China, essa lógica é levada ao extremo. O Taobao criou o "Taobao Forest", onde cada compra gera uma árvore virtual que depois é plantada no mundo real (mais de 200 milhões de árvores já foram plantadas). A Kuaishou (concorrente do TikTok) usa desafios com premiação diária em dinheiro. Já o JD.com oferece cashback dinâmico, cujo valor aumenta conforme o engajamento do usuário.

Se o seu app ou site não tem nenhum elemento de engajamento além do botão "comprar", você está perdendo a chance de criar vício positivo. Faça o cliente voltar porque ele quer jogar de novo, e não porque você implorou por um clique.

ESSE É O NOVO PADRÃO PARA CONSTRUIR MARCAS NO MUNDO DIGITAL. VOCÊ NÃO DISPUTA ATENÇÃO, CULTIVA PRESENÇA.

O NOVO RADAR DOS NEGÓCIOS
@FABIO_NETO_

4. MEÇA O TEMPO, NÃO SÓ A CONVERSÃO

Se você ainda mede o sucesso digital apenas por ROAS (*Return on Ad Spend*; em português, Retorno sobre o Investimento em Publicidade) e conversão direta, está preso ao passado. No novo jogo, atenção se mede em minutos, não só em pedidos faturados. As empresas chinesas, por exemplo, são obcecadas por tempo médio de permanência, número de sessões por usuário, taxa de retorno diário e taxa de engajamento por tipo de conteúdo. Elas sabem que onde há atenção frequente, a conversão vem, mas onde só há visita ocasional, o custo de aquisição explode.

No Brasil, ainda olhamos para o Google Analytics como um relatório, não como um radar. Precisamos criar *dashboards* de atenção: qual canal gera mais tempo médio? Qual conteúdo gera mais salvamentos? Qual influenciador mantém o usuário mais tempo no seu funil? Qual produto tem maior tempo de navegação antes da compra?

Afinal, se o seu cliente passa dez segundos no seu site e quarenta minutos no app do concorrente, adivinhe quem venceu a batalha?

5. INTEGRE AS REDES SOCIAIS COM O COMÉRCIO

No novo jogo da atenção, não existe mais separação entre entretenimento e conversão. Todo conteúdo pode ser uma loja. Toda loja pode ser conteúdo. Isso se chama "comércio da atenção". O TikTok Shop mostrou ao mundo que cada vídeo pode ter um botão de compra embutido, sem precisar sair da plataforma. No Douyin, o criador mostra o produto, o algoritmo entrega para o público certo, o botão aparece, o pagamento é feito com um clique, e a entrega ocorre em até vinte e quatro horas – tudo sem sair da experiência.

A regra é clara: não basta estar onde o cliente está. É preciso vender onde ele se diverte. Se o seu Instagram só mostra produtos em fundo branco e o seu TikTok só tem dancinha institucional, você não entendeu o jogo.

Todas as outras estratégias propostas até aqui convergem nesse último tópico: transforme cada post, story, vídeo ou live em um ponto de conversão emocional e funcional. Lembre-se: a atenção precisa de contexto, mas também de ação.

É por isso, inclusive, que o *live commerce* se consolidou como uma das formas mais eficazes de capturar, prender e monetizar o olhar das pessoas. Mas não estamos falando de lives improvisadas no Instagram, e sim de lives com roteiro, cenário, apresentadores treinados, gatilhos psicológicos e algoritmos otimizados, como as que acontecem no shopping X27, que eu mencionei antes. A China dominou essa arte e transformou a transmissão ao vivo em uma plataforma de negócios de bilhões de dólares.

Durante eventos como o 11/11 (Dia dos Solteiros), um festival de compras equiparável à Black Friday, mais de 50% das vendas da Alibaba são originadas em transmissões ao vivo. Só os influenciadores Austin Li e Viya, celebridades do *live commerce* chinês, chegaram a vender o equivalente a cerca de 150 milhões de dólares em uma única noite, com picos de 10 milhões de pessoas assistindo simultaneamente.[22]

Mas qual é o segredo? Não é só mostrar produtos. É montar um espetáculo. As lives chinesas operam como programas de auditório digital. Têm roteiro detalhado, entrada de convidados-surpresa, contadores regressivos para liberar cupons, sorteios-relâmpago, votação ao vivo para escolher brindes. É puro entretenimento com conversão embutida.

Há também um fator técnico e estratégico: o posicionamento da live dentro da plataforma. No Douyin, a live aparece na homepage, é impulsionada pelo algoritmo para públicos compatíveis, e toda interação (comentário, clique, tempo de permanência) retroalimenta o sistema em tempo real para atrair ainda mais pessoas com o mesmo perfil. Isso cria um efeito "bola de neve" de audiência e vendas.

Outro diferencial é o uso da interatividade como gatilho de permanência. Os apresentadores falam o nome das pessoas nos comentários ("Maria, de Salvador, esse brinco é a sua cara!"), respondem perguntas em tempo real, propõem desafios instantâneos ("Se batermos 5 mil *likes*, liberamos o

---

[22] HALLANAN, L. Live Streaming Drives $6 Billion USD In Sales During The 11.11 Global Shopping Festival. **Forbes**, 16 nov. 2020. Disponível em: www.forbes.com/sites/laurenhallanan/2020/11/16/live-streaming-drives-6-billion-usd-in-sales-during-the-1111-global-shopping-festival/. Acesso em: 12 ago. 2025.

cupom escondido!") e criam um senso de urgência coletivo ("Última peça! Dez segundos para comprar!"). Tudo isso ativa o sistema de recompensa do cérebro e prende a pessoa na tela.

No Brasil, ainda estamos nos estágios iniciais. Muitas marcas ainda veem a live como um canal promocional, quando na verdade é um canal de construção de comunidade e confiança. Uma boa live não "empurra" produto. Ela faz o cliente sentir que está participando de algo único, quase como estar presente em uma liquidação particular, em tempo real.

As empresas que estão se destacando por aqui já entenderam isso. A Kwai Shop, por exemplo, tem investido em programas de capacitação para vendedores e influenciadores fazerem lives com *storytelling*, não com leitura de ficha técnica. A TikTok criou ferramentas de "*co-hosting*" para duas contas transmitirem simultaneamente, aumentando o alcance.[23] A Magalu experimentou transmissões com influenciadores que testam os produtos ao vivo e respondem dúvidas da audiência.[24]

Mais do que vender, o *live commerce* educa o consumidor, reduz objeções, cria senso de comunidade e humaniza a jornada digital. A cada clique, comentário e compra, a plataforma entende melhor quem está ali. E o algoritmo trabalha com o vendedor para ajustar a experiência em tempo real.

Se o e-commerce é um catálogo, o *live commerce* é uma loja com alma. Em um mundo saturado de vitrines digitais, talvez o que falte à sua marca não seja tecnologia, mas sim presença real, energia humana e atenção em estado bruto.

No Brasil, temos a oportunidade de adaptar essas técnicas respeitando nossa cultura, nossa legislação e nossos valores. Não se trata de copiar

---

[23] TIKTOK LIVE multi-guest. **TikTok**, 2025. Disponível em: https://support.tiktok.com/en/live-gifts-wallet/tiktok-live/tiktok-live-multi-guest. Acesso em: 1º ago. 2025.

[24] PENA, D. Live Commerce: a nova revolução do varejo online. **Blog Artefato Agência Digital**, 4 dez. 2025. Disponível em: https://agenciaartefato.com.br/blog/ecommerce/live-commerce-a-nova-revolucao-do-varejo-online/. Acesso em: 1º ago. 2025.

A REGRA É CLARA: NÃO BASTA ESTAR ONDE O CLIENTE ESTÁ. É PRECISO VENDER ONDE ELE SE DIVERTE.

O NOVO RADAR DOS NEGÓCIOS
@FABIO_NETO_

cegamente, mas de aprender os princípios fundamentais e aplicá-los de uma maneira autenticamente brasileira.

As empresas que dominarem a arte de capturar e manter atenção terão uma vantagem competitiva enorme. Não apenas em vendas, mas também na capacidade de criar comunidades leais e relacionamentos duradouros. Por isso, sugiro que você comece agora mesmo a construir sua Máquina de Atenção. E, para mantê-la, você precisará do último R do nosso R.A.D.A.R.: a relevância contínua.

9

R DE RELEVÂNCIA CONTÍNUA: OBSESSÃO PELO CLIENTE

O PARADOXO DA RELEVÂNCIA: POR QUE TUDO VIRA COMMODITY?

Vivemos em uma era paradoxal. Nunca tivemos tantas ferramentas para nos diferenciarmos, mas nunca foi tão difícil ser diferente. Todo produto parece igual. Toda campanha soa parecida. Todos os algoritmos reforçam os mesmos padrões. Em um cenário assim, o que faz uma marca permanecer viva no coração (e no bolso) do cliente? A resposta é simples de falar e difícil de executar: **relevância contínua**.

Durante anos, falamos sobre "economia da atenção" como se estivéssemos descobrindo algo novo. Mas atenção, por si só, é somente o começo. O que de fato muda o jogo é o que você faz com essa atenção depois de conquistá-la. E é aí que entra o conceito de engenharia da relevância: a capacidade de transformar atenção bruta em conexão profunda e recorrente.

As grandes plataformas ocidentais – como Meta, Google e YouTube – já entenderam isso. Elas capturam a atenção, analisam padrões e vendem esses dados para anunciantes que tentam converter esse tempo em ação.

Mas o que poucas empresas fora do Vale do Silício perceberam é que a China não só aprendeu com esse modelo, como o elevou à potência máxima. O que empresas como ByteDance, Alibaba, Tencent e Meituan fizeram foi um salto estratégico: deixaram de simplesmente monetizar atenção e passaram a cultivar presença contínua. Elas não querem só que você veja um anúncio – querem que você permaneça dentro do ecossistema, interagindo, consumindo, conversando, aprendendo, jogando, comprando. Tudo sem sair do app.

Na prática, elas não vendem anúncios: vendem jornadas completas. Criam ambientes digitais onde o usuário quer estar, mesmo quando não está comprando. Um vídeo engraçado leva a um comentário. O comentário leva a uma sugestão de produto. O produto é comprado com um clique, entregue em poucas horas, avaliado com emoji e compartilhado em grupo de amigos – tudo sem interrupção. Atrito zero, lembra?

Essa integração entre social, conteúdo e transação não é improvisada, é projetada. É engenharia pura. Por trás de cada sugestão de vídeo, de cada live, de cada notificação, há um sistema de relevância sendo calibrado em tempo real. Um algoritmo que não pergunta apenas "o que vender?", mas "como manter esse usuário conosco por mais tempo?".

Mas atenção: relevância não é sinônimo de popularidade. Não se trata de viralizar no TikTok ou chegar a 1 milhão de seguidores no Instagram. Relevância é ser importante na vida real de alguém. É ser lembrado nos momentos que importam. Quando o consumidor precisa tomar uma decisão, pensa em você? Quando ele precisa resolver um problema, sua marca é a primeira que vem à cabeça? Se a resposta é não, você está invisível, mesmo que tenha *likes*.

Relevância também não é algo que se conquista uma vez e permanece. Ela se constrói todos os dias – e se perde em minutos. Um pequeno erro de posicionamento, uma experiência negativa ou até mesmo a ausência em um momento-chave pode apagar anos de construção de marca. É um jogo de presença, consistência e contexto.

O problema é que a maioria das empresas ainda confunde visibilidade com relevância. E essa confusão custa caro, porque visibilidade se compra com mídia, enquanto relevância exige presença emocional, entrega constante de valor e sintonia com o que o cliente realmente vive. Em um mundo com excesso de ofertas e déficit de atenção, a luta real não é para ser visto, mas sim para ser considerado.

O relatório da Ipsos Global Trends 2024 mostra que 78% dos consumidores brasileiros tendem a comprar de marcas que refletem seus valores pessoais.[25] Relevância, portanto, não nasce do marketing. Ela nasce da escuta ativa, da adaptação genuína e da consistência entre discurso e prática. Marcas como a Patagonia, por exemplo, constroem relevância não porque fazem campanhas bonitas, mas porque vivem de modo coerente seus valores – ambientais, sociais e culturais. No outro extremo, a Shein constrói relevância pela lógica do tempo real e da conveniência. São caminhos diferentes, mas com uma raiz comum: entender profundamente o que o cliente valoriza.

E aqui entra um alerta difícil de engolir, mas necessário: você não é relevante só porque vende. Você é relevante quando é lembrado com afeto. Quando o cliente sente que sua ausência faria falta. Essa é a diferença entre uma empresa escolhida por falta de opção e uma desejada apesar das opções.

O estudo "Meaningful Brands" de 2025, da Havas, aponta que 78% das marcas poderiam desaparecer, e ninguém sentiria falta.[26] Isso deveria nos assustar. Estamos cercados de marcas que gritam, mas ninguém as escuta. Que aparecem, mas não permanecem. E o motivo é simples: elas entregam funcionalidade, porém não constroem significância.

E essa significância não nasce de fórmulas prontas, e sim da obsessão real pelo cliente. E por cliente, aqui, não entenda a persona genérica criada pelo time de marketing ou os números genéricos dos relatórios de BI, mas o cliente real, com nome, rotina, pressa, expectativa, humor. Aquele que se

---

[25] THE POWER of Trust. **Ipsos**, 2024. Disponível em: www.ipsos.com/en/global-trends-2024/power-trust. Acesso em: 1º ago. 2025.

[26] LYONS, J. The Death and Rebirth of Meaningful Media Planning. **Campaign Live**, 26 ago. 2025. Disponível em: www.campaignlive.com/article/death-rebirth-meaningful-media-planning/1929854. Acesso em: 26 ago. 2025.

frustra com um campo de cadastro desnecessário, que troca de app porque o anterior travou, que prefere chamar o carro do concorrente porque o da sua empesa atrasou cinco minutos. Aquele que se guia por impulso, mas permanece por vínculo; que compra porque foi atendido, mas só volta porque foi lembrado: a relevância vive nesses detalhes.

RELEVÂNCIA É O NOVO ATIVO INTANGÍVEL

Vivemos em uma era de comoditização instantânea. Um lançamento exclusivo hoje se transforma em tendência genérica amanhã. Se antes a vantagem competitiva era proteger um produto, hoje é quase impossível manter algo exclusivamente seu por muito tempo. Em poucos dias, a funcionalidade pode ser replicada, o design pode ser adaptado, e o preço pode ser triturado por um concorrente com uma cadeia mais eficiente ou um subsídio estatal. O que sobra? A percepção que o cliente tem de você.

Nesse cenário, a única barreira verdadeiramente defensável é simbólica. Não é o que você vende, é o que você representa. A Apple não vende celulares; vende status, fluidez, confiança e um ecossistema emocional. A Starbucks não vende café; vende pausa, pertencimento, um tipo de autocuidado. A Shein não vende roupa; vende acesso à moda com senso de pertencimento algorítmico. Quando todos oferecem algo semelhante, o que não pode ser copiado é o vínculo afetivo e o significado construído ao redor da marca.

Relevância, portanto, se tornou o ativo intangível mais valioso de qualquer empresa. E esse patrimônio não aparece no balanço, não está nos ativos físicos nem no número de seguidores; está no quanto o cliente se importa se você desaparecer. Está na sua capacidade de ser lembrado espontaneamente, mesmo quando a concorrência está gritando com mais verba.

É por isso que marcas relevantes não são apenas funcionais – são relacionais. Elas não vivem só no ponto de venda, mas na memória, no hábito, na referência cultural. Elas aparecem na conversa do cliente com amigos, nas decisões de rotina, nos momentos de escolha emocional. E isso se

QUANDO TODOS OFERECEM ALGO SEMELHANTE, O QUE NÃO PODE SER COPIADO É O VÍNCULO AFETIVO E O SIGNIFICADO CONSTRUÍDO AO REDOR DA MARCA.

O NOVO RADAR DOS NEGÓCIOS
@FABIO_NETO_

constrói com frequência, coerência e entrega intencional, e não com uma campanha bonita.

Um marcador claro disso está no estudo "BrandZ Top 100 Global Brands" da Kantar, que mostrou que as marcas mais valiosas do mundo têm três aspectos principais em comum: **diferença significativa**, que representa o impacto na vida das pessoas e as torna predispostas a comprar mais daquela empresa; **presença**; e **poder de futuro**, que é a medida de possibilidade de expansão da marca.[27]

Por isso, não se iluda com métricas de vaidade. Não basta ser conhecido, é preciso ser insubstituível. E a substituição hoje é automática: basta um clique, e o cliente já está na loja do vizinho. A pergunta real é: se sua marca deixasse de existir amanhã, quem sentiria falta? Sua marca está nos 78% identificados pela Havas no "Meaningful Brands"? Talvez seja, então, hora de repensar não o que você vende, mas o que você representa.

Depois de tudo o que vimos até aqui, uma verdade se impõe: a relevância não nasce do acaso. Ela é construída a partir da recorrência, da consistência e do significado. E esses fundamentos são, na prática, o desdobramento direto dos outros pontos do R.A.D.A.R. – sem ritmo, sem fluidez, sem personalização e sem atenção genuína, a relevância simplesmente não sobrevive.

RECORRÊNCIA COM VALOR

Aparecer o tempo todo, sem valor, é o caminho mais rápido para ser ignorado. Já aparecer com valor, de maneira contínua, é o que transforma presença em lembrança e lembrança em preferência. A chave está no "com valor". No TikTok Shop, esse pilar atinge outro nível. Você pode abrir o app todos os dias e, mesmo assim, a experiência parece nova – porque o conteúdo muda,

[27] STAPLEHURST, G. 10 Key Takeaways: Kantar BrandZ Most Valuable Global Brands 2024. **Kantar**, 6 ago. 2024. Disponível em: www.kantar.com/Inspiration/Brands/10-Key-Takeaways-Kantar-BrandZ-Most-Valuable-Global-Brands-2024. Acesso em: 1º ago. 2025.

a oferta muda, o humor muda. E tudo isso sem a sensação de repetição. Essa é a magia da recorrência com propósito. A plataforma não "insiste" – ela "aparece no momento certo". O varejo brasileiro pode aprender muito com isso. Recorrência com valor não é estar presente o tempo todo, é estar presente quando faz sentido. Uma marca relevante não interrompe a vida do cliente. Ela se integra à rotina dele como um hábito desejado, e não como uma obrigação irritante.

Além disso, um ponto crucial para aumentar o valor da presença do seu negócio é investir tanto no físico quanto no digital – tecla na qual já batemos muito aqui, mas volto a trazer pois não há futuro para as empresas que não otimizarem esses dois campos. Não adianta você focar toda a sua presença digital e se esquecer do atendimento físico. De que adianta ter um ótimo atendimento no WhatsApp, se o SAC no telefone trata o cliente com frieza? Ou se o app promete algo que a loja física não entrega? A verdadeira relevância se constrói quando a experiência do cliente é coerente em todos os pontos de contato.

É aqui que muitas empresas falham. Elas têm equipes diferentes para canais diferentes, cada uma com metas e linguagem diferentes. O resultado? Um Frankenstein de experiências.

Durante uma visita que fiz à sede da Meituan, um executivo me disse algo que nunca esqueci: "O cliente não diferencia canal. Para ele, tudo é uma coisa só: você". É o que na China já estão chamando de *Channeless Commerce*. A consistência precisa ser invisível, mas sentida.

E talvez você *ache* que isso já esteja ocorrendo na sua empresa. Talvez você *ache* que seu negócio já esteja colocando o cliente no centro do processo. É o que toda empresa diz, só que poucas realmente fazem isso de maneira radical, diária e verdadeira. A maioria só ouve o cliente quando ele grita, só age quando a crise chega, só muda quando os números despencam. E aí já é tarde demais. Relevância, no novo jogo, não é "olhar para o cliente", mas agir a partir do cliente. Sempre. Em tudo.

Esse raciocínio se conecta diretamente à lógica chinesa. Na China, o cliente não é apenas o destino final da jornada – ele é o ponto de partida. Toda plataforma nasce com base na pergunta: "Como podemos tornar a vida do cliente mais fácil, mais rápida, mais conveniente?". O foco não é vender mais, é resolver melhor. Porque resolver bem hoje significa vender muito amanhã.

A Meituan, por exemplo, é mais que um app de delivery. Ela virou uma "máquina de resolução de vida". Da refeição ao agendamento do cabeleireiro, da reserva do hotel ao pagamento da conta de luz. Tudo centralizado, tudo personalizado, tudo com um clique. É isto que faz a marca continuar relevante: a vida real do cliente sempre no centro da decisão.

No modelo ocidental, a maioria das empresas foca a satisfação do cliente. Elas pensam em como resolver problemas quando eles surgem: como atender às expectativas, responder a reclamações e melhorar produtos com base em feedback. Assim, elas tratam os sintomas em vez da causa.

Já no modelo chinês, a maioria das empresas de sucesso praticam obsessão pelo cliente, antecipando necessidades antes que ele as perceba, superando expectativas constantemente, criando dependência emocional, resolvendo problemas que o cliente nem sabia que tinha, reinventando a experiência continuamente. Elas tratam a causa e, por vezes, sequer permitem que os sintomas surjam.

Afinal, relevância não é ter a melhor ideia. É resolver o maior incômodo. E, depois, resolver outro. E mais outro. Essa obsessão pelo cliente precisa ser operacionalizada. Precisa sair do discurso do marketing e ir para o produto, para o atendimento, para o layout da loja. Não basta dizer que você é centrado no cliente. O cliente deve sentir isso sem que você tenha que lembrá-lo.

Você precisa aprender a decifrar comportamentos não ditos em vez de dar ouvidos apenas às reclamações formais dos clientes. Precisa começar a notar quem abandonou o carrinho, quem já comprou com você e não voltou mais, quem foi para o concorrente, quem silenciou sua notificação. Esses sinais são mais valiosos do que qualquer pesquisa de satisfação, pois são pistas vivas de que algo está escapando, de que sua marca está começando a deixar de ser relevante e você nem percebeu.

E sabe qual a pior parte? Manter a relevância da sua empresa não precisa ser algo difícil. Você só deve ficar atento a alguns pontos-chave. Por exemplo, um modo simples de se manter vivo na mente do cliente é se fazer presente na vida dele nos momentos certos, em vez de bombardeá-lo

O CLIENTE NÃO DIFERENCIA CANAL. PARA ELE, TUDO É UMA COISA SÓ: VOCÊ.

O NOVO RADAR DOS NEGÓCIOS
@FABIO_NETO_

com presença o tempo todo. Para tanto, é necessário mapear com exatidão os momentos de verdade da jornada do seu cliente – aqueles instantes decisivos em que ele mais carece de apoio, clareza, agilidade ou conexão emocional.

Um pet shop, por exemplo, não precisa bombardear o cliente todos os dias, mas deveria ser o primeiro a lembrar quando o pet faz aniversário, quando acaba a ração ou quando há um novo alerta de saúde animal. Uma empresa de tecnologia não precisa mandar e-mail toda semana, mas deve se antecipar aos ciclos de renovação, dúvidas recorrentes e oportunidades de upgrade com valor. Isso exige empatia, dados e intenção – mas, lembre-se: não adianta ter um *dashboard* sofisticado com diversos dados do cliente se você não souber usá-los. Um erro comum nas empresas brasileiras é que elas *têm* os dados, mas com frequência não sabem *usá-los*. Ou, pior ainda, elas os deixam restritos a poucos departamentos ou líderes.

Uma empresa relevante transforma dados em decisões, mas, antes disso, transforma dados em cultura. Isso significa que o que a empresa sabe sobre seus clientes deve circular, contaminar, influenciar o dia a dia de todas as áreas – do atendimento ao marketing, do produto ao RH. Todo mundo deve saber o que o cliente está pedindo, sentindo, evitando, elogiando. A segmentação tradicional por faixa etária, classe social ou localização já não basta. O novo diferencial está em entender o momento de vida do cliente e agir sobre ele: mudança de cidade, nascimento de filho, formatura, novo emprego... cada um desses eventos é uma janela de vulnerabilidade e desejo.

As empresas chinesas já operam com essa lógica. O Alipay, por exemplo, muda toda a experiência do usuário quando detecta que ele trocou de cidade: novas ofertas, mapas locais, parcerias relevantes. A JD oferece kits personalizados para recém-casados. A Meituan sugere experiências românticas para quem começou a sair com frequência aos sábados. Ou seja, os dados coletados pela sua empresa viram contexto, que, por sua vez, vira oferta.

Contudo, não é de grande utilidade sua marca aparecer na vida do cliente em momentos estratégicos se ela não tiver voz fixa em todas essas aparições; seu cliente simplesmente não irá reconhecê-la, não irá se familiarizar com ela e, portanto, não sentirá confiança. Por isso, pare agora e se pergunte: sua marca tem uma voz própria ou está apenas repetindo o que está em alta na internet? Você precisa revisitar sua voz de marca, e isso vai muito além de fazer um *rebranding* visual: envolve alinhar a forma como sua empresa se expressa com o que seu público valoriza, entender se a linguagem é inclusiva, se o vocabulário gera conexão, se o conteúdo realmente fala com gente, e não com uma persona genérica. Uma marca que fala com clareza é lembrada, mas se a sua mudar de sotaque a cada campanha, logo vai se perder no ruído.

Assim, faça um inventário dos seus últimos posts, e-mails, vídeos, campanhas e mensagens automáticas. Existe uma linha clara entre todos eles? Se não houver, comece pequeno: escolha três palavras que definem o tom que sua marca quer transmitir. Depois, defina o que ela nunca diria. Com base nisso, treine sua equipe – atendimento, redes, conteúdo, produto – para pensar e se comunicar de maneira alinhada. E, acima de tudo, cuide para que esse processo não suma com a emoção do seu tom, pois uma marca sem emoção só tem a oferecer marketing genérico e publicidade vazia. Pense nos lançamentos da Apple, por exemplo: são sempre grandes eventos, cheios de emoção. Pense no marketing da Coca-Cola e no tom familiar, ou no Nubank e na linguagem casual, como se o cliente fosse um amigo.

A relevância dessas marcas vem da capacidade de tocar o cliente onde a razão não alcança: na sensação de pertencimento. O que diferencia uma marca que passa de uma marca que permanece é a capacidade de provocar emoções consistentes e com intenção. Isso vai muito além de contar uma boa história ou fazer um vídeo que emociona.

Para aplicar isso na sua empresa, não é necessário fechar um salão e organizar um enorme evento de lançamento de produto; gestos menores já são capazes de fazer seu cliente se sentir mais próximo, como um bilhete à mão ou um link para uma playlist no Spotify que representa o momento de uso do seu produto. Você precisa de uma campanha que acolhe. A construção da relevância não se faz apenas em planilhas, mas nos detalhes que o cliente conta para os amigos. E isso, caro leitor, não tem algoritmo que compre.

Este é o fim do R.A.D.A.R. e, ao mesmo tempo, o seu novo começo. Porque a relevância contínua só é possível quando os outros pilares estão vivos:

ritmo, atrito zero, dados, atenção. A relevância é o termômetro que mede se tudo isso está funcionando e se você está mesmo presente na vida real do seu cliente, se ele se lembrará de sua marca mesmo quando ela não estiver exposta em vitrine alguma.

10

E SE VOCÊ LEVAR ISSO A SÉRIO MESMO?

Empresas chinesas não são mais novidade no Brasil. Elas já são realidade. A Shopee e Shein estão entre os maiores e-commerces do país, o TikTok Shop começa a dominar o varejo social e a Temu chegou atropelando as expectativas. Marcas como Xiaomi, BYD, Midea e Hisense ganham mercado com velocidade e inteligência. Elas não estão apenas testando, já estão colhendo e faturando.

E por que isso importa? Porque elas não estão jogando o jogo antigo. Elas trouxeram uma nova cartilha e estão ganhando com ela. Agora, a pergunta que faço é simples: você vai assistir ou aprender a jogar?

Se você chegou até aqui, já entendeu o que está por trás desse movimento: agilidade, obsessão pelo cliente, uso inteligente de dados, experiências sem atrito, estratégias sociais e relevância contínua. Mais importante ainda: agora você tem um R.A.D.A.R. que pode usar como modelo para interpretar o novo jogo e como lente para filtrar o que importa – um plano de ação.

O R.A.D.A.R. NO MERCADO BRASILEIRO

Por mais que muitos digam isso, as oportunidades não sumiram, apenas mudaram de lugar. Algumas empresas brasileiras já souberam encontrá-las, seja integrando plataformas, mudando a jornada do cliente, usando dados de maneira mais inteligente ou criando canais novos de venda e relacionamento – todas técnicas que você aprendeu aqui.

Não adianta, contudo, ficarmos apenas no genérico. Vou lhe mostrar na prática como as técnicas que ensinei já são usadas por marcas daqui.

IFOOD: O SUPERAPP BRASILEIRO QUE NASCEU ANTES DE A CHINA CHEGAR

Talvez o iFood seja o exemplo mais claro de uma empresa brasileira que aplicou intuitivamente muitos dos princípios chineses antes de eles se tornarem comuns no Brasil. Quando Fabricio Bloisi fundou a empresa, não estava copiando a China, mas sim usando a mentalidade chinesa – de modo intencional ou não – para resolver problemas brasileiros.

E sabe um detalhe que foi fundamental para que o iFood mantivesse sua relevância desde sua criação em 2011 até hoje? Ele nunca parou de evoluir. Começou como agregador de restaurantes, virou marketplace, depois plataforma de pagamentos, depois um ecossistema completo, a ponto de anunciar parceria com a Uber para criar um superapp verdadeiramente brasileiro.[28]

Cada movimento foi rápido, testado e escalado, sempre com o cliente como prioridade. Tanto é que um dos focos de melhoria do app é o atrito zero, do qual tanto falamos aqui. O iFood eliminou sistematicamente cada fricção na jornada do cliente, com menos cliques para finalizar um pedido, pagamento integrado, rastreio da entrega em tempo real e suporte por chat. Hoje, fazer um pedido no iFood é mais simples do que ligar

---

[28] UBER e iFood anunciam parceria no Brasil. **iFood**, 14 maio 2025. Disponível em: https://institucional.ifood.com.br/releases/uber-e-ifood-anunciam-parceria-no-brasil/. Acesso em: 4 ago. 2025.

para uma pizzaria – e mais divertido também, pois o delivery virou quase uma experiência social, seja com as avaliações de restaurantes ou com a gamificação da plataforma, que conta com Moedas iFood e roletas para ganhar cupons.

E se o cliente abre o app do iFood com fome, mas sem saber muito bem o que pedir? A marca pensou nisso também, usando os dados dos clientes inteligentemente. O algoritmo do iFood conhece seus hábitos melhor que você mesmo: ele sabe que você pede japonês às sextas, pizza aos domingos, e sempre se esquece de pedir refrigerante.

O resultado é inegável: o iFood hoje é a startup mais valiosa da América Latina,[29] com mais de 55 milhões de clientes, 400 mil estabelecimentos parceiros e presença em mais de 1,5 mil cidades brasileiras.[30] A competição para o iFood existe em cada restaurante que faz delivery próprio, em cada empresa que se propõe a aglomerar restaurantes em uma única cidade ou estado; mesmo assim, ele segue relevante e mantendo a liderança.

NUBANK: OBSESSÃO PELO CLIENTE ELEVADA AO EXTREMO

David Vélez não sabia que estava aplicando princípios chineses quando fundou o Nubank. Ele só sabia que os bancos brasileiros ofereciam experiências muito ruins e que a tecnologia poderia resolver isso. O resultado foi a aplicação mais pura de obsessão pelo cliente que já vi no Brasil.

Cada funcionalidade do Nubank é testada até ser impossível simplificar mais. O cartão de crédito sem anuidade, por exemplo, não foi inovação – foi eliminação de atrito desnecessário. A conta sem taxas não foi generosidade – foi foco no que realmente importa para o cliente. O Nubank identificou todos os pontos que as pessoas odiavam nos bancos tradicionais, antecipando

---

[29] SANTANA, W. iFood se torna a startup mais valiosa do Brasil: US$ 5,4 bilhões. **Suno**, 18 ago. 2022. Disponível em: www.suno.com.br/noticias/ifood-startup-mais-valiosa-brasil/. Acesso em: 4 ago. 2025.

[30] IFOOD. Disponível em: https://institucional.ifood.com.br/sobre/. Acesso em: 4 ago. 2025.

as necessidades delas de um banco digital e implementando as soluções de problemas que os clientes ainda não sabiam muito bem que tinham.

Além disso, o Nubank inovou na linguagem com o cliente. Em vez de se esconder atrás de frieza e distância, ele apostou em algo mais simples e casual, focando, principalmente, em se desfazer de burocracia desnecessária e se vendendo como um banco sem letras miúdas no contrato.[31] Isso é mais que uma tática de comunicação; é filosofia de negócio.

Desse modo, fica simples ver que os mais de 100 milhões de clientes não são mero acidente, mas sim resultado de obsessão sistemática por satisfação, atrito zero e simplicidade. Do cartão de crédito à conta-corrente, dos investimentos aos seguros e empréstimos, cada novo produto resolve um problema real do cliente.

Sabe qual é o resultado? O Nubank foi o primeiro banco digital fora da Ásia a alcançar o marco de 100 milhões de clientes,[32] superando os 98 milhões do Itaú,[33] além de registrar mais de 1 bilhão de dólares em lucro líquido em 2023 e mais de 8 bilhões de dólares em receitas.[34]

Nas palavras da cofundadora e atual CGO, Cristina Junqueira: "Ser centrado no cliente é o que nos guia desde o início. Hoje, queremos que nossos clientes se vejam da maneira como nós os vemos: no centro de tudo".[35]

---

[31] O QUE é o Nubank? Uma empresa que está sempre do lado dos seus clientes. **Nubank**, 8 set. 2020. Disponível em: https://building.nubank.com/pt-br/o-que-e-o-nubank-uma-empresa-que-esta-sempre-do-lado-dos-seus-clientes/. Acesso em: 4 ago. 2025.

[32] NUBANK ultrapassa 100 milhões de clientes. **Nubank**, 8 maio 2024. Disponível em: https://international.nubank.com.br/pt-br/100m-pt-br/nubank-ultrapassa-100-milhoes-de-clientes/. Acesso em: 4 ago. 2025.

[33] CAMPOS, A. Nubank ultrapassa Itaú em número de clientes e se torna terceiro maior do Brasil. **Valor Econômico**, 23 jan. 2025. Disponível em: https://valor.globo.com/financas/noticia/2025/01/23/nubank-ultrapassa-itau-em-numero-de-clientes-e-se-torna-terceiro-maior-do-brasil.ghtml. Acesso em: 4 ago. 2025.

[34] NUBANK ultrapassa 100 milhões de clientes. *op. cit.*

[35] *Ibidem.*

POR MAIS QUE MUITOS DIGAM ISSO, AS OPORTUNIDADES NÃO SUMIRAM, APENAS MUDARAM DE LUGAR.

O NOVO RADAR DOS NEGÓCIOS
@FABIO_NETO_

MAGAZINE LUIZA: REINVENÇÃO CONTÍNUA DE UMA EMPRESA CENTENÁRIA

Luiza Helena Trajano, Pelegrino José Donato e suas gerações posteriores, sob a liderança de Fred Trajano, provaram que não importa a idade da empresa; o que importa é a mentalidade. O Magazine Luiza é um caso fascinante de como uma empresa tradicional pode se reinventar usando princípios chineses.

Por exemplo, você se lembra do que conversamos sobre a integração do on-line e do off-line? O Magalu aplica os princípios do OMO (*On-line Merge Off-line*) na prática. Tudo na plataforma é um ecossistema integrado. Você pode pesquisar no app, experimentar na loja, comprar on-line e retirar no ponto mais conveniente.

A noção de superapp também não passa despercebida ao Magalu: seu ecossistema hoje inclui uma plataforma focada em logística, serviços financeiros, tecnologia e geração de conteúdo.[36] E, graças ao algoritmo aguçado, a empresa sabe exatamente qual produto vender em qual região, em qual momento, para qual perfil. Tudo isso sem perder a atenção do cliente, mantida por meio do "jeitinho brasileiro" da empresa, o qual passa pela linguagem utilizada – incluindo o apelido Magalu – e vai até o carisma da assistente virtual, Lu do Magalu, que tem uma quantidade de seguidores equiparável a figuras como a Barbie.[37]

Foi assim que a lojinha de presentes fundada em 1957 se transformou em uma gigante do varejo, com um faturamento de 38 bilhões de reais

---

[36] NOSSA estratégia. **Magazine Luiza**, 2021–2025. Disponível em: https://magazineluiza.com.br/ShowCanal/Nossa-Estrategia. Acesso em: 4 ago. 2025.

[37] WHO IS Virtual Influencer and Magalu Spokesperson Lu? **Virtual Humans**, 22 dez. 2020. Disponível em: www.virtualhumans.org/article/who-is-virtual-influencer-and-magalu-spokesperson-lu. Acesso em: 4 ago. 2025.

em 2024, mais de mil lojas físicas em 21 estados brasileiros e no Distrito Federal,[38] e mais de 37 milhões de clientes ativos.[39]

MERCADO LIVRE: O ECOSSISTEMA QUE NUNCA PARA DE CRESCER

Marcos Galperin construiu o que talvez seja o ecossistema digital mais completo da América Latina. O Mercado Livre não é apenas e-commerce, é uma plataforma de vida digital que fez questão de investir pesado em centros de distribuição, frota própria e tecnologia de entrega. Em vez de terceirizar a experiência, o Mercado Livre centralizou cada ponto de contato que poderia controlar.

Tanto é que a empresa logo entendeu que vender produtos e processar pagamentos são duas faces da mesma moeda, então integrou isso em seu ecossistema, com a criação do Mercado Pago. O envio? Seja por terra[40] ou por ar,[41] também fica por conta do Mercado Livre. Nada disso é um produto separado; tudo é parte integral da experiência.

Não à toa, é uma das cem empresas mais influentes do mundo, tendo gerado mais de 12,2 bilhões de dólares em receita em 2024,[42] operando em

---

[38] MANZONI, L. Magazine Luiza: história, lucro, faturamento e ações. **Investing.com**, 18 jul. 2025. Disponível em: https://br.investing.com/academy/statistics/magazine-luiza-historia-lucro-faturamento-acoes/. Acesso em: 4 ago. 2025.

[39] GODOY, L.; SANT'ANA, L. Os segredos do gigante Magalu para ter fluidez na jornada de um ecossistema. **Consumidor Moderno**, 16 ago. 2024. Disponível em: https://consumidormoderno.com.br/revista/magalu-fluidez-jornada-ecossistema/. Acesso em: 4 ago. 2025.

[40] MERCADO Livre e Correios firmam parceria na área de logística. **Exame**, 15 jan. 2013. Disponível em: https://exame.com/tecnologia/mercadolivre-e-correios-firmam-parceria-na-area-de-logistica/. Acesso em: 4 ago. 2025.

[41] MARINHO, J. Mercado Livre agora tem sua própria frota de aviões cargueiros. **Tecmundo**, 6 nov. 2020. Disponível em: www.tecmundo.com.br/mercado/206314-mercado-livre-tem-propria-frota-avioes-cargueiros.htm. Acesso em: 4 ago. 2025.

[42] MERCADO Libre Delivers Stellar Q4 2024 with Net Revenue of 6.1 billion and Net Income of 639 Million. **Mercado Libre**. Disponível em: https://investor.mercadolibre.com/news-and-events/mercado-libre-delivers-stellar-q4-2024-net-revenue-61-billion-and-net-income-639-million. Acesso em: 25 ago. 2025.

dezoito países e registrando 10 milhões de vendedores e 34 milhões de compradores ativos.[43]

Porém, enquanto empresas brasileiras aprendiam esses princípios na prática, empresas chinesas chegaram "silenciosamente" e dominaram setores inteiros em questão de meses.

SHEIN: REVOLUÇÃO NO *FAST FASHION*

A Shein não apenas entrou no mercado brasileiro, ela redefiniu as regras da moda. Em menos de dois anos, chegou à marca de 45 milhões de clientes apenas no Brasil,[44] e seu impacto foi tão grande que o termo *fast fashion* foi adaptado para *ultra fast fashion* para refletir a disponibilidade de cerca de 10 mil peças novas por mês no site.[45]

Seus preços disruptivos, junto ao algoritmo que altera a homepage para cada usuário, baseado em localização e histórico, e à gamificação da plataforma, com pontos, rodas da sorte, desafios diários e cupons surpresa, fazem o app se tornar mais viciante do que muitas redes sociais.

Por isso, não é surpresa alguma que a Shein some mais de 21 milhões de usuários ativos e 10 bilhões de reais em faturamento anual.[46] Ela conseguiu provar que geografia não é limitação quando você tem o modelo certo.

---

[43] TUDO o que você precisa saber sobre o Mercado Livre. **Mercado Livre**, 1999-2025. Disponível em: www.mercadolivre.com.br/institucional/nos-comunicamos/noticia/tudo-sobre-o-mercado-livre/. Acesso em: 4 ago. 2025.

[44] MEDEIROS, H. Shein: Brasil é um dos cinco principais mercados no mundo. **Mobile Time**, 2 ago. 2024. Disponível em: www.mobiletime.com.br/noticias/02/08/2024/shein-mercado-brasil/. Acesso em: 4 ago. 2025.

[45] FRANK, G. Shein: pode ser a ultra fast-fashion chinesa boa, bonita e... sustentável? **UoL**, 26 out. 2022. Disponível em: www.uol.com.br/nossa/noticias/redacao/2022/10/26/shein-ultra-fast-fashion-sustentabilidade.htm. Acesso em: 4 ago. 2025.

[46] OLIVEIRA, D. Shein domina audiência digital de moda no Brasil. **CNN Brasil**, 19 mar. 2024. Disponível em: www.cnnbrasil.com.br/blogs/debora-oliveira/economia/shein-domina-audiencia-digital-de-moda-no-brasil/. Acesso em: 4 ago. 2025.

ENQUANTO EMPRESAS BRASILEIRAS APRENDIAM ESSES PRINCÍPIOS NA PRÁTICA, EMPRESAS CHINESAS CHEGARAM "SILENCIOSAMENTE" E DOMINARAM SETORES INTEIROS.

O NOVO RADAR DOS NEGÓCIOS
@FABIO_NETO_

TIKTOK SHOP: *SOCIAL COMMERCE* NA VEIA

O TikTok Shop é uma aposta nova no Brasil. Lançado no país em maio de 2025, ele promete não apenas uma nova plataforma integrada ao TikTok, mas uma nova forma de vender. Em vez de focar o e-commerce tradicional, o TikTok Shop oferece os produtos por meio do entretenimento. Você entra lá para se divertir e, no processo, descobre produtos.

Os influenciadores são uma enorme força de vendas na plataforma. Não é publicidade tradicional, é recomendação autêntica de pessoas que você segue e em quem confia. Não apenas isso, mas, em grande parte dos casos, o botão de compra está integrado ao vídeo. Você vê, gosta e compra, tudo sem sair do app. Não há atrito entre desejo e aquisição, o que incentiva a compra por impulso – que, como já vimos, motiva mais da metade dos brasileiros.[47]

O algoritmo dos vídeos do TikTok, muito presente na aba For You do aplicativo, é calibrado para mostrar ao consumidor produtos que ele sequer sabia que queria. Sem que as pessoas percebam, logo se veem consumindo demonstrações de produtos, unboxings, sugestões. A personalização é tão precisa que gera necessidades.

Por ser muito recente, até o lançamento deste livro não há dados sobre o faturamento do TikTok Shop. O que se sabe é que o TikTok tem mais de 100 milhões de usuários ativos no Brasil, os quais passam, em média, 95 minutos por dia no aplicativo.[48] A promessa é grande.

TEMU: MARKETPLACE GLOBAL NA PALMA DA MÃO

A Temu chegou ao Brasil em 2024 com uma proposta simples: preços tão baixos que você se sentirá "comprando como um bilionário".[49] São milhões

---

[47] BARBOSA, M. *op. cit.*

[48] ASSUNÇÃO, C. TikTok Shop chega ao Brasil com mil marcas e promessa de taxas mais baixas. **Uol**, 8 maio 2025. Disponível em: https://economia.uol.com.br/noticias/redacao/2025/05/08/tiktok-shop-chega-ao-brasil-com-mil-marcas-e-promessa-de-taxas-mais-baixas.htm. Acesso em: 4 ago. 2025.

[49] SOBRE a Temu. **Temu**, 2022–2025. Disponível em: www.temu.com/br/about-temu.html. Acesso em: 4 ago. 2025.

de produtos de milhares de fornecedores chineses. Se existe, está na Temu. E a gamificação, com rodas da sorte, jogos diários e desafios de grupo, torna o app viciante.

Os preços baixos na plataforma são garantidos por meio de um processo que a Temu chama de "Next-Gen Manufacturing". Seguindo na contramão da lógica do mercado tradicional, na qual os bens são produzidos e depois comercializados, os fabricantes podem ajustar o desenvolvimento dos produtos de acordo com a demanda medida pela própria plataforma.[50]

Nos Estados Unidos, a Temu já é a segunda principal varejista on-line, ficando atrás apenas da Amazon.[51] Por aqui, é o app de compras mais baixado na App Store[52] e conta com mais de 500 milhões de downloads na Play Store.[53] Assim como o TikTok Shop, há muito potencial a ser desenvolvido em território brasileiro.

O QUE TODAS ELAS TÊM EM COMUM, VOCÊ AGORA TAMBÉM TEM

Todas essas empresas, tanto as brasileiras quanto as chinesas, aplicam os mesmos princípios que você aprendeu neste livro. Elas mantêm o **ritmo**, movendo-se com rapidez, testando constantemente, corrigindo em tempo real. Eliminam o **atrito** na jornada do cliente: cada clique desnecessário, cada campo de formulário extra, cada segundo de espera é visto

---

[50] GIUSSANI, D. Rival da Amazon nos Estados Unidos e da Shein na Ásia, Temu chega ao Brasil. **Exame**, 6 jun. 2024. Disponível em: https://exame.com/negocios/rival-da-amazon-nos-estados-unidos-e-da-shein-na-asia-temu-chega-ao-brasil/. Acesso em: 4 ago. 2025.

[51] *Ibidem*.

[52] APP STORE, Temu: compre como um bilionário. Disponível em: https://apps.apple.com/br/app/temu-compre-como-um-bilion%C3%A1rio/id1641486558. Acesso em: 4 ago. 2025.

[53] Dados da página do aplicativo da Temu na Play Store. Acesso em: 21 ago. 2025.

como problema a ser resolvido. Usam a inteligência artificial para analisar os **dados** de seus clientes, tendo-os como base para suas decisões. Criam experiências viciantes que capturam e mantêm **atenção**, vendendo entretenimento, conveniência, status e identidade em vez de apenas produtos. E por último, devido a todos esses fatores, elas mantêm a **relevância** por meio da obsessão pelo cliente.

Está nas suas mãos dar o pontapé inicial em seu plano de ação. Há dois caminhos possíveis: você pode fechar este livro, voltar a fazer as coisas como sempre fez, esperando que a tempestade passe, que o mercado se estabilize, que a concorrência diminua; ou começar a aplicar os princípios do R.A.D.A.R. em seu negócio.

As empresas chinesas vieram para ficar, não há dúvidas disso. Não importa seu ramo, sua concorrência vai aumentar, se é que já não aumentou. Então, onde você quer estar daqui a alguns anos? Lutando para sobreviver em meio a empresas que já aplicam o que eu lhe ensinei aqui ou prosperando com seu R.A.D.A.R. calibrado, sendo referência no mercado?

Toda transformação começa com uma escolha. Você pode voltar para a planilha, para a estrutura antiga, para os processos confortáveis. Ou pode usar tudo que viu aqui para provocar sua equipe, desafiar suas verdades, revisar seu modelo e construir uma empresa sob nova direção.

A China mostrou o caminho. O Brasil já tem quem esteja trilhando. A escolha agora é sua.

SOB NOVA DIREÇÃO, AGORA COM NOVO OLHAR

Se você chegou até aqui, meu desejo é simples: que este não seja o final deste livro, mas o começo. Que ele comece em você, nos seus negócios, nas suas decisões e na sua forma de olhar o mundo.

Enquanto estava escrevendo, eu sabia que estava compartilhando mais do que estratégias empresariais. Estava compartilhando uma forma de viver que aprendi durante anos caminhando entre dois mundos: o Brasil que amo e a China que me ensinou tanto. Eu acredito, de verdade, que podemos ser protagonistas, pois os negócios brasileiros têm a ousadia, a criatividade e a coragem necessárias para prosperar em um mundo sob nova direção. Mas isso exige deixar o orgulho de lado, aprender com quem está fazendo diferente e fazer melhor. Você percorreu uma jornada que talvez tenha sido desconfortável em alguns momentos, mas profundamente necessária. Viu que o jogo virou, que a lógica mudou, que as empresas mais relevantes não são as maiores, mas as mais atentas, rápidas, integradas e, acima de tudo, centradas no cliente real.

Tantas vezes voltei da China com um caderno cheio de ideias e o coração inquieto. Mas foi em uma conversa com um mentor chinês que ouvi algo que me marcou. Ele me contou um provérbio famoso por lá, que diz: "Cave o poço bem antes de sentir sede". É tão simples, mas tão estratégico. Eu mesmo não saberia representar melhor a sabedoria de investir tempo no preparo. Ele ensina que se antecipar ao futuro é um ato de responsabilidade, não de ansiedade, e que, no mundo dos negócios, quem espera a sede chegar para agir já está atrasado. O que você leu neste livro é exatamente isto: uma pá na sua mão, uma ferramenta para começar a cavar agora, antes que a necessidade bata à porta. Essa frase virou meu mantra. E talvez ela possa virar o seu também.

Vou dizer isso uma última vez, pois preciso que você grave a mensagem em sua mente: **não se trata de copiar o que a China faz**, mas de entender *por que* ela faz – e como podemos, aqui no Brasil, aplicar os mesmos princípios com o nosso jeito, a nossa alma e o nosso contexto.

Você não precisa mudar tudo amanhã. Mas precisa mudar todos os dias. Um movimento por vez. Um olhar novo por dia. Um ajuste, um experimento, um cliente atendido de maneira diferente. Isso já é o começo.

Quando você fechar este livro, uma nova versão de você vai emergir. Uma versão que pensa como empresário chinês, mas age com coração brasileiro; que combina velocidade oriental com o nosso calor humano; que usa tecnologia como ferramenta, mas nunca esquece que negócios têm a ver com pessoas. Essa nova versão de você vai enfrentar desafios, cometer erros e ter dias difíceis; mas também vai ter vitórias extraordinárias, criar soluções inovadoras e impactar vidas.

E em cada momento dessa jornada, você vai se lembrar de que **não está apenas construindo um negócio**, mas um legado – e sob o direcionamento de um novo repertório estratégico.

Mas sabe qual é o presente mais valioso que você ganhou lendo este livro? Não são as estratégias, as ferramentas, nem mesmo os resultados que virão. O presente é a perspectiva. Você agora vê o mundo dos negócios sob uma ótica diferente; **vê oportunidades onde outros veem problemas**, conexões onde outros veem separação e possibilidades onde outros veem limitações. Essa perspectiva é sua para sempre. Ninguém pode tirar isso de você. É como andar de bicicleta: uma vez que você aprende, nunca mais esquece.

Entretanto, com esse presente vem uma responsabilidade. Na filosofia chinesa, existe um conceito chamado 德 (dé), que é a virtude moral que vem com o poder. Quando você aplicar esses princípios e começar a ver resultados extraordinários, lembre-se: use esse poder para elevar outros. Compartilhe conhecimento, mentore outros empresários e crie oportunidades para sua comunidade.

O sucesso verdadeiro não é individual – é coletivo. Você prospera quando sua comunidade prospera. Sua empresa cresce quando seu ecossistema cresce.

Com essa mentalidade, construiremos um Brasil na direção certa.

VOCÊ NÃO PRECISA MUDAR TUDO AMANHÃ. MAS PRECISA MUDAR TODOS OS DIAS. UM MOVIMENTO POR VEZ. UM OLHAR NOVO POR DIA. UM AJUSTE, UM EXPERIMENTO, UM CLIENTE MAIS BEM ATENDIDO. ISSO JÁ É O COMEÇO.

O NOVO RADAR DOS NEGÓCIOS
@FABIO_NETO_

Este livro foi impresso
pela Edições Loyola em
papel pólen bold 70 g/m²
em outubro de 2025.